Photographs Credits:
Hervé Abbadie

Editorial Director USA
Pierantonio Giacoppo

Chief Editor of Collection
Maurizio Vitta

Publishing Coordinator
Franca Rottola

Graphic design
Studio CREA, Milano

English translation and editing
Martyn J. Anderson

Colour separation
Litofilms Italia, Bergamo

Printing
Poligrafiche Bolis, Bergamo

First published September 1998

ISBN 88-7838-030-X

Canale 3

Canale 3

Architecture Tomorrow/*L'architecture de demain*

Preface by/*par*
Clotilde Foussard

Introduction by/*par*
Paolo Righetti

l'ARCAEDIZIONI

Contents/*Sommaire*

Preface

by/*par* Clotilde Foussard

To be three

Certain pleasures are made to be shared, otherwise they are quite meaningless.
When Pierre Boudon, Jacques Michel and Yves Monnot, the architects at Canale 3, sit down around their office's long beech-wood table to create a new design, it is as if they were getting ready to cook a tasty meal. They are genuinely happy as they draw up their design. The site location provides both the colour and taste; the plot itself offers a helping hand and the project brief provides the basic ingredients.
The table is not just the basic drawing board, it is also a nice place to exchange ideas. Words and verbs are the launching pad for Canale 3. Their evocative force sets the imagination rolling, conjuring up a story that needs to be written and that gradually turns into a script to be transposed into space.
Three personalities, three creative directions, join forces through a process of interaction. This sharing of ideas is the real key to their work, a constant to and fro between these subjects and the images they conjure up. This verbal interchange - grounded in words - first distances the architects from context and then draws them back to it in a more effective perspective. The poetic force this generates is the very stuff of which their designs are made. Words have nothing more to say than a simple reading of the site location: they reveal what is already there. This allows the real essence of the "place" to emerge, the very reason for being of the project itself.

A new perspective

The architects believe in the boundless powers of imagination, as embodied in experimental research. Like explorers back at the beginning of this century, each returns from his trip to the corner of the road or end of the world with his bags full of spices to add a pinch of flavour to the architectural dishes they prepare together. These ingredients are mixed into an architectural vision they all share.
They dig deep into their memories - working on the input they find - and draw out the experiences they encountered during their travels, the images they saw, the buildings, lights..... They make them their own, adding them to their resources in what is more than just borrowing or citing. Each project is a new journey, creating a new perspective, an exploration into previously unknown realms that takes our architects beyond

To be three

Il est des plaisirs qui se partagent, qui n'existent que s'ils sont partagés... Pierre Boudon, Jacques Michel et Yves Monnot, les architectes de l'atelier Canale 3, lorsqu'ils s'installent autour de la longue table en hêtre de l'agence, pour concevoir un nouveau projet, le font comme on prépare un mets. C'est avec bonheur qu'ils composent avec les différents éléments du projet. Le site imprimera sa saveur, et sans-doute aussi sa couleur; la parcelle sera le support de la préparation, et le programme, sa matière.
Cette table n'est pas seulement lieu de préparation, elle est aussi lieu d'échange, et toujours de plaisir. Le mot, le verbe, sont le point de départ de la démarche de Canale 3.
Leur pouvoir évocateur est multiple, il ouvre le champ de l'imagination, d'une histoire qu'il faut écrire, qui peu à peu devient un scénario, à transcrire dans l'espace.
Trois personnalités, comme trois versions d'un même élan, sont confrontées, assemblées, fondues. La richesse est là, dans cet échange, dans le va et vient permanent entre le sujet et les images qu'il fait naître.
Cet échange verbal - où les mots les transportent - éloignent les architectes du contexte, pour mieux les en rapprocher.
La poésie qui se dégage est la substance même du projet. Les mots ne disent rien de plus que la lecture du site, ils débusquent l'évidence. Alors émerge l'essence du lieu, la raison d'être du projet.

Un regard neuf

D'explorations en recherches, les architectes croient aux possibilités sans borne de l'imagination.
Tel le voyageur du début du siècle, chacun rapporte dans les malles, de ses périples, au coin de la rue ou au bout du monde, de multiples épices qui donneront la saveur et le piquant aux plats, qu'à trois ils se plaisent à concocter. De ces éléments épars, émerge une culture singulière, chacun s'y retrouve, et y retrouve les autres.
Leur mémoire est une source à laquelle ils viennent puiser - pour les réinterpréter ou les intégrer à leur démarche - des savoir-faire rencontrés lors de voyages, des images entraperçues, des édifices, des lumières... Ils se les approprient, les ajoutent à leur pratique, sans emprunt ni citation.
Chaque projet est un nouveau voyage, qui impose un regard neuf, une exploration de champs jusqu'alors inconnus, et qui entraîne nos architectes au-delà de la réalité: "transformer le réel, c'est l'adopter pour le dépasser, le mettre en

reality: "changing reality means adapting it in order to move beyond it and set it in motion". Buildings rise up from the ground as the startling results of this combined experimentation derived from a dynamic vision of reality from a new perspective. The fact that Canale 3's projects derive from exchanging ideas and words ensures that they are not objects entrenched in their own decoration, strangely incongruous as if designed for their own sake. Nothing could be further from the truth. Without just copying what already exists, the trio draws the resources for designing a meaningful concept from their immediate surroundings. These architects reject a priori concepts and emblematic dogma, as they continue their research. Each new design is a launching pad projecting their architectural vision even further forward in the name of experimentation. Their stories gradually build up as their design work moves forward. The driving force behind all this is memory. Their designs are never copies or "clones", they are fresh projects that leave their own peculiar trace in the memory.

Clients
Most of Canale 3's projects are designed for the public sector which, in France, offers architects unique opportunities to carry out their experimentation. The various project briefs and site locations allow total freedom of architectural design. Apart from certain site requirements and regulations, architects are free to use their imaginations.
The variety of Canale 3's projects derives from the vast range of possibilities opened up by this approach to architecture; opportunities which they take up in a positive spirit.

Memories of places
As a prologue to each new adventure, they enthusiastically gather a vast array of geographical, morphological, human and historical data. But the most striking thing of all about Canale 3's projects is the determination with which these architects delve into the site's past, as if the architecture depended on this and nothing else. The site is the key factor in highly urbanised areas, suburbs and even more rural areas. Settings must be identified before being inhabited and shaped to the individual's requirements. It is an exciting moment when an image is captured that truly reflects how a place is: an image that will create a sense of having "already been there" when it is eventually

mouvement". Des édifices sortent de terre, résultats éclatants de ces expéditions communes, nés d'une vision toujours dynamique et d'un regard en alerte. Si les projets de Canale 3 naissent de l'échange des mots, ils ne sont pas pour autant des objets plantés dans leur décor, étrangers, incongrus, conçus pour eux-mêmes.
Au contraire. Sans répéter ni reconduire ce qui existe, le trio puise dans l'environnement immédiat les ressources propres à élaborer un concept porteur de sens.
Les architectes rejettent l'a priori conceptuel, le dogme emblématique, leur démarche demeure inscrite dans la continuité.
Chaque réalisation est un tremplin qui permet d'aller toujours plus loin, dans l'élaboration de la pensée architecturale, dans l'expérimentation. De tous ces projets, de leurs histoires, un patrimoine se crée. Il est dans la mémoire de chacun, le moteur de la démarche. Les projets ne sont jamais répétés ni "clonés", ils sont intégrés à toute nouvelle étude, et portent en eux cette marque, cette mémoire.

La commande
Les réalisations de Canale 3 sont, pour la plupart, issues de la commande publique. Celle-ci est aujourd'hui, en France, un champ expérimental unique pour les architectes.
Dans la diversité des programmations et des lieux, la liberté d'expression architecturale prend toute sa place. Mises à part les exigences du site et les contraintes réglementaires, les architectes, peuvent laisser libre cours à leur imagination. La diversité des projets de Canale 3 vient des possibilités immenses qu'offre une telle pratique, et dont ils profitent avec bonheur.

La mémoire du lieu
En prologue à toute aventure, c'est avec jubilation qu'ils embrassent les données géographiques, morphologiques, humaines, et historiques. Mais ce qui frappe d'abord dans les réalisations de Canale 3, c'est cette sorte d'acharnement des architectes à vouloir saisir la mémoire du lieu. Comme si l'architecture toute entière en dépendait. En milieu fortement urbanisé, en banlieue, comme en zone rurale, le site reste l'élément premier et fondamental. Les masses se mettent en place avant d'être habitées façonnées, pour laisser place à l'individu. Moment exaltant, cet instant où l'on capte une image qui reflète la réalité du lieu: image qui lorsqu'elle sera aboutie, donnera une impression de "déjà là".

completed. The design becomes meaningful,
apparently the most obvious and inevitable
solution. The building turns into an authentic
landmark, adding something extra to its
surroundings.

Materials as tools

Materials are crucial factors in Pierre Boudon,
Jacques Michel and Yves Monnot's architectural
designs, an inevitable consequence of the careful
attention they pay to the project site. They are a
means of emphasising and characterising
architectural designs, as well as a source of
experimentation in their own right, further
underlining the sense of invention that
characterises the work of these architects. Once
again they share the same delight in discovering
and experimenting with all the technical-aesthetic
properties of conventional building materials:
plywood formwork can be an excellent cladding
material... they make a great skin.
"We use these materials for aesthetic reasons and
because they satisfy certain very specific
requirements, even when used outside of their
usual field of application".
High technology and new techniques serve a
basic idea, supporting it and injecting it with
added force. The structural properties of materials
are tested out, along with their plastic qualities.
Even though aesthetics are still a constant worry,
proof of an almost excessive sense of stylistic
awareness (for the site and its future users), they
emerge from the rigid application of strict
principles. Canale 3's work moves along similar
lines to industrial designers, for whom function
and aesthetics mix together and complement each
other.
The difference is that for Canale 3 this creates
intentions, not objects.
The end result is a powerful form of architecture,
a far cry from mere formalism or fashionable
trends, that speaks neither of the architects nor of
itself, but is just there for everyone to enjoy.

*L'intervention prend alors tout son sens, elle
s'impose par son évidence.*
*Le bâtiment lui-même devient l'élément fort,
catalyseur du lieu, et il donne, à son tour, un sens
à son environnement.*

Les matériaux comme outils

*Le matériau est un élément essentiel dans la
conception architecturale de Pierre Boudon,
Jacques Michel et Yves Monnot, même s'il est une
conséquence de cette attention particulière portée au
site. Car s'il est un outil apte à soutenir et à
marquer des solutions architecturales, il est aussi
matière à expérimentation.*
*Dans ce sens il marque l'intérêt profond des
architectes pour l'invention.*
*C'est encore avec un plaisir partagé qu'ils
découvrent et expérimentent toutes possibilités
techniques et esthétiques des matériaux de
construction traditionnels: un contreplaqué de
coffrage peut faire un excellent bardage... et un
beau parement.*
*"Nous employons ces matériaux pour des raisons
esthétiques, et parce qu'ils correspondent à un
besoin précis, même s'ils sont détournés".*
*La haute technologie, les procédés nouveaux, sont
au service d'une idée, l'étayent et la confortent. Les
qualités structurelles des matériaux sont mises à
l'épreuve, mais aussi leurs qualités plastiques. Car si
l'esthétique reste une préoccupation constante,
témoignant d'une sensibilité exacerbée (au site et
aux futurs usagers), elle émane de la mise en
application de principes constructifs purs.*
*La démarche de Canale 3 se rapproche de celle des
designers industriels, pour qui la fonction et
l'esthétique se mêlent, et se répondent. Et elle en
diffère, car elle fonde des intentions au lieu de
disposer des objets.*
*L'expression qui en résulte est une architecture
puissante, loin des académismes et des phénomènes
de mode, qui ne parle ni des architectes, ni d'elle-
même, mais qui s'offre, pour le plaisir de chacun...*

Introduction

by/*par* Paolo Righetti

Canale 3 Architecture Studio was officially established in 1983 when three Paris-based architects, Pierre Boudon, Jacques Michel and Yves Monnot, decided to join forces. These three young designers, under thirty years of age, are totally dedicated to architecture, their almost life-long passion. After going to high school together, they all attended the Versailles School of Architecture and, almost inevitably, set up their own practice in Paris.
For fifteen years now they have been working on an important range of quite varied projects - secondary schools, housing projects, sports facilities and offices, making them one of the most promising of the latest general of architecture firms. They have also taken part in several competitions, often winning them.Their public and private clients include the Ile De France Regional Council, some government ministries, the Regie Immobiliere de la Ville de Paris, and numerous town councils.

Canale 3's architectural-cultural experience is closely linked to the gradual evolution in French architecture from the 1970's onwards. The recognition of architecture's great importance - then decreed to be of public interest - led to a new vision of high-quality architecture and, at the same time, a boom in public interest and awareness in architectural design.
Competitions (gradually) became the norm in France for public commissions, as the ideal way of guaranteeing high standards. The public grew to expect, and be capable of recognising, good architecture, as part of a learning process that many countries still have not yet set under way. Other strategies and policies have encouraged local authorities to promote architectural enterprises, which, in addition to their functional aspect, also serve symbolic purposes. During this initial phase, numerous projects were undertaken to trigger off a whole new process. This led to the famous Grands Projets in major cities, while smaller administrations concentrated their efforts on more modest projects.
Two main factors brought about a crisis in this process. On the one hand, the financial burden was too heavy for smaller towns to cope with. On the other, the major new inner-city projects failed to revitalise their surrounding neighbourhoods. The focus of attention is now on redeveloping existing buildings; there is in fact a growing tendency to protect and redevelop entire cities. Old complexes are being put to new uses through

En 1983 naît l'Agence Canale 3, de l'association de 3 jeunes architectes parisiens, Pierre Boudon, Jacques Michel et Yves Monnot. Ils n'ont pas alors trente ans et sont prêts à tout pour l'architecture, leur passion. Et elle ne date pas d'hier. Après des années de lycée communes, leurs études se prolongent par l'entrée à l'école d'architecture de Versailles, puis presque naturellement, la création de leur agence à Paris.
Depuis maintenant 15 ans, ils travaillent sur des projets aussi importants que divers - lycées, logements, équipements sportifs ou bureaux; leur expérience et leur démarche les situent parmi les agences d'architecture les plus prometteuses de la nouvelle génération. Ils participent aussi à de nombreux concours, qu'ils remportent souvent. Leurs maîtres d'ouvrage, privés ou publics, sont entre autre le Conseil Régional d'Ile de France, quelques ministères, la Régie Immobilière de la Ville de Paris et de nombreuses municipalités.

La démarche architecturale de Canale 3 s'inscrit dans l'évolution de l'architecture française depuis le milieu des années 70.
La reconnaissance du rôle de l'architecte - alors déclaré d'intérêt public - avait permis, d'une part l'émergence d'une notion de qualité architecturale, et parallèlement développé la sensibilité et l'attention du citoyen pour l'architecture.
La pratique du concours s'est (peu à peu) généralisée en France pour la commande publique; celui-ci étant l'instrument adéquat pour la maîtrise de la qualité architecturale. Le public a donc pris l'habitude d'exiger de bonnes architectures, qu'il sait reconnaître grâce à une expérience que de nombreux pays n'ont pas encore acquise. Des choix stratégiques et politiques ont ensuite encouragé les municipalités à promouvoir des initiatives en matière d'architecture. Au-delà de sa valeur fonctionnelle et de son utilité, celle-ci avait aussi une vocation représentative. Dans cette première période, des programmes ont alors été réalisés, destinés à devenir des éléments catalyseurs. C'est ainsi que sont nés les Grands Projets dans les grands centres urbains. Pendant ce temps, les petites municipalités concentraient leurs efforts sur des opérations plus modestes.
Ce processus a eu ses limites, d'un côté les petites communes ont très vite eu du mal à faire face aux contraintes et aux dépassements budgétaires. D'un autre côté, les grands projets urbains seuls ne constituèrent jamais réellement l'élément moteur de leur environnement. On privilégie maintenant une revalorisation de l'existant; la préférence allant à la

a gentle patching-up programme. This shift in attention is partly due to a growing awareness of the need to stitch back together the socio-urban fabric.This is the context in which Canale 3 has been working. This emerging generation of young architects, well aware of the peculiar problems of our society, like Pierre Boudon, Jacques Michel and Yves Monnot, have a firm grasp of the socio-cultural problems associated with both suburbs and cities; indeed their work is grounded in these issues.

They identify with the new wave of French architects, researchers, and experimenters, who all share their curiosity. They work neither alone, nor in isolation, as they constantly search for fresh knowledge and intellectual stimuli, travelling around Europe, America, Africa and the Middle East.

Examining the various different projects designed by the team necessarily involves more than the analysis of one single work and its peculiar features or specific characteristics, in an attempt to uncover the structures underlying its meaning. The apparent lack of homogeneity between Canale 3's various works suggests hunting and exploring for a higher level of meaning to clarify their peculiar features.

The first problem they set themselves when tackling a new project is the concrete expectations of people visiting or using the building. A question that goes well beyond the simple reception of functional input. Envisaging the desires and expectations of the real protagonist of a work of architecture (its users) as the primary focus of attention, is proof of an attempt, through "meaning", to reach the very heart of architectural exploration. This is how we must interpret one of the most obvious features of Canale 3's work: close interaction with the context in which each separate project is grounded.

Site location is the key to their approach to design. If we analyse projects grounded in these different situations, it is clear that this has not resulted in two separate approaches but, on the contrary, each specific context has produced its own peculiar work of architecture. For instance, the natural environment is incorporated through the use of natural materials, the invention of stylistic designs geared to contextual conditions, and interaction with the landscape through an authentic blend of building and environment. Alternatively, the urban environment exercises its influence through the allusion to household morphological features,

sauvegarde et au réaménagement de pans entiers de villes. La requalification de complexes existants - éventuellement par un changement de leur usage et de leur fonction par petites touches, en réalisant de plus petites opérations, est à l'ordre du jour. Ces nombreux programmes sont le résultat d'une prise de conscience de la nécessité de redonner une trame au tissu social et urbain.

C'est dans ce contexte que Canale 3 travaille et trouve sa place. Cette nouvelle génération d'architectes sensibilisés aux problèmes de notre société, comme Pierre Boudon, Jacques Michel et Yves Monnot saisit, dans leur globalité, les références sociales et culturelles propres aux banlieues, comme ils ont su comprendre ceux des villes; ils en ont fait la base de leur réflexion.

Ils se reconnaissent dans la nouvelle vague des architectes français, chercheurs, expérimentateurs, curieux, comme eux. Leur parcours n'est ni isolé, ni solitaire, mais toujours en quête de connaissances et de confrontations, ils voyagent beaucoup en Europe, sur le continent américain, en Afrique et au Moyen-Orient.

Si nous voulons analyser le grand nombre de réalisations de Canale 3, toutes distinctes les unes des autres, il faut aller au-delà de la lecture de chaque oeuvre - de ses particularités ou de ses valeurs spécifiques - pour aller à la recherche des structures porteuses de sens. C'est précisément l'articulation des interventions et leur apparente non-homogénéité qui nous suggère de rechercher et d'explorer le sens caché de ces expériences, lequel nous aidera à mieux comprendre ces spécificités.

La première question que se pose les architectes de Canale 3 en abordant un nouveau projet est la suivante: quelles sont les attentes de l'usager ? Cette demande va bien au-delà d'un simple apport fonctionnel. Comprendre les attentes et les désirs de celui qui, en définitive, est le véritable acteur de l'expérience architecturale - l'usager - comme première étape du projet, révèle la tentative d'atteindre, par le biais de la signification, la partie la plus intime de l'expérience explorative. L'un des aspects les plus évidents du travail de Canale 3 consiste en une forte relation au contexte.

Le site est leur champ de réflexion et d'intervention privilégié. Les architectes ont une approche bien distincte de chaque site - qu'il soit en ville ou en banlieue. Il génère des productions architecturales très différentes, car elles répondent à des problèmes très différents. L'intégration de l'architecture à l'environnement se fait par l'emploi de matériaux naturels, mais aussi par l'interpénétration entre

play on scale, and the use of a deliberately layered language of the greatest possible stylistic variety. Canale 3 has rejected the idea of a clearly identifiable project, a signature design bearing the designer's favourite features, allusions, and self-references, in favour of greater freedom playing on an absolutely free approach to interpreting context and exploiting its potential to the full. This supports the idea that there can be no general architectural style suitable for any context. The team's works are always the combined efforts of three people: "no project emerges from the studio (or the designers' minds) unless we are all convinced that it has an interesting story to tell". This aversion to morphological stereotypes does not prevent the team as a whole from adopting the same basic approach, as is clearly shown by an analysis of its work. The features emerging in all its work right across the board are: difference and contrast; breaking the "rules" or codes; deconstruction of the hierarchical opposition between the general and particular; experimentation in building scale.

When a certain element is introduced into a work of architecture, whether it be a material, compositional feature or anything else, its effectiveness and identity are determined by their possibility of interacting or contrasting with the rest of the design. Contrasts between materials are created by, for instance, spatially counteracting one key material with another.

As well as alluding to a carefully controlled design process, systematic attention to detail clearly states that the hierarchical division into the general and particular is not the only option available. It is possible to focus on the marginal rather than central to emphasise that design involves two-way interaction between these two different dimensions.

At the same time, methodological control is exercised over the entire design complex, encouraging interaction between different elements designed for different uses.

Canale 3's design method draws on classically pure morphological features. Geometric shapes like the circle, square, rectangle, triangle and ellipse constantly crop up in the spatial layout of their works of architecture, often combining and interacting with each other.

Extraordinarily intricate spatial relations are often created if the stylistic vocabulary is simple enough. Two specific factors are responsible for this complexity: the discovery that order actually contains chaos within it, and complete faith in the

bâtiment et site. En revanche, l'intervention en milieu urbain tiendra compte d'éléments morphologiques domestiques et de l'échelle, en adoptant un langage stratifié et plus complexe.

Canale 3 renonce au projet reconnaissable, signé, porteur d'éléments propres à tout concepteur, telles que les autocitations, pour une plus grande liberté en mesure de favoriser une libre interprétation de chaque situation et d'en saisir pleinement le potentiel.

C'est l'affirmation du principe que l'architecture ne saurait être un phénomène généralisable. Les travaux sont le fruit d'un travail à six mains: "un projet ne peut prendre corps que s'il raconte une histoire qui nous a convaincus".

Si, du point de vue de la morphologie certains stéréotypes sont évités, du point de vue de la méthode, une analyse approfondie met nettement au clair le caractère homogène de l'approche.

Certains thèmes sont récurrents: la différence et le contraste; la rupture de la "règle" et du code; l'abolition de l'opposition hiérarchique entre le particulier et le général; le travail sur l'échelle.

Lorsqu'un élément est introduit dans une architecture - que ce soit la composition, les matériaux, ou autre - sa forte présence, son efficacité sont déterminées par sa faculté à être confronté avec le reste; autrement dit, par le fait qu'il y ait contraste. C'est ainsi que naissent, par exemple, les oppositions entre matériaux.

Le soin particulier porté au détail démontre bien que le processus du projet est entièrement maîtrisé, mais aussi que l'opposition hiérarchique entre le général et le particulier n'est pas la seule alternative possible. On peut se concentrer sur le particulier plutôt que sur le général, et montrer que la conception architecturale est un incessant aller et retour entre ces deux dimensions. Parallèlement, un travail de contrôle est effectué, par l'équipe tout entière, sur l'ensemble du projet, confrontant tous les éléments, même ceux qui ont été conçus pour différents usages.

Canale 3 utilise des figures classiques dans la composition. Le cercle, le carré, le rectangle, le triangle et l'ellipse sont des éléments récurrents dans leur conception architecturale, qui généralement se combinent ou s'imbriquent.

Si le vocabulaire de référence est simple, le résultat spatial est souvent très complexe. Deux processus sont à l'origine de cette complexité : l'idée que l'ordre contient en soi le chaos, et la totale adhésion à la théorie de la correspondance étroite entre architecture et espace.

Le premier processus est le suivant: les figures

theory that architecture corresponds to space.
The first factor is easily incorporated in the design
of site plans, in which the grids based on the
simple geometric forms mentioned above may
sometimes overlap, intermingle, rotate, traverse or
multiple to carefully create much more intricate
geometric patterns. The second factor is
encompassed in the homogeneity of the stylistic
designs of the building plans, elevations, and
sections. The built space with which we all interact
on a daily basis is often two-dimensional: on one
hand, intricate building plans, on the other,
elevations deriving from the simple
superimposition of indistinguishable planes.
Different plans and stylistic registers which,
contrary to the facts, seem to belong to separate
buildings. This dispersed state of affairs, similar to
the *Flatland* depicted by Edwin Abbott, an
imaginary world where "Triangles, Squares,
Pentagons, Hexagons..... move freely across the
surface.... without being able to rise up from it or
sink beneath it". Canale 3's works stand out for
the constant use of the same geometrical forms in
the elevation.
The buildings have a cylindrical section, non-
vertical walls, and the prisms of the overall
structural layout generally sink down, partly
emerging from the ground as if springing out of it.

Architecture as space
The built structures, layouts and organisation of
functions play an important spatial role in interior
design. For example, the lobbies in their public
buildings act as the hub bonding together all the
various parts of the building. They are not just
entrances but also rest areas, meeting places and
transition spaces between interior and exterior,
linking together the various sections of a building.
Canale 3 has always paid special attention to walls,
exploring them through direct experimentation on
a multitude of possible variables. Connotations
such as separation, caesura, and various degrees of
visual permeability, are best attained using
different materials and technical devices. The
designs range from solid curtain walls, made of
conventional bricks and ordinary windows, to
layered, overlapping facades made of glass and
metal and fitted with sunscreens to create intricate
surface textures. The technical-lighting constraints
and symbolic connotations of what are
predominantly public works, schools and housing
complexes, call for the kind of plastic forms that
Canale 3 is particularly interested in. Their general
approach is to use these materials for quite

*géométriques simples de base servant à élaborer les
plans, lorsqu'elles se multiplient, se superposent,
s'imbriquent, génèrent en fin de compte des
géométries encore plus complexes. Le second
élément est révélé par l'homogénéité stylistique du
plan avec les élévations et les coupes.
La construction spatiale conçue couramment est
souvent bi-dimensionnelle: complexe sur le plan,
tandis qu'elle est le fruit, en hauteur, de la simple
superposition d'étages qui se ressemblent tous.
Les différents plans et registres stylistiques,
contrairement à la réalité, semblent appartenir à
des constructions différentes, à l'image du monde
fantastique d'Edwin Abbot dans* Flatlandia *où "des
triangles, des carrés, des pentagones, des hexagones
(...) se meuvent çà et là librement, sur la surface
(...) sans pouvoir s'en détacher ou s'y immerger".
Les ouvrages de Canale 3 s'en différencient
précisément, par l'emploi de ces mêmes géométries
en élévation.
Les bâtiment peuvent être cylindriques ou les
parois ne pas être verticales, comme au lycée de
Noisy-le-Grand. Les prismes du volume du lycée
Evariste Gallois sont partiellement enfouis et
émergent de terre comme s'ils surgissaient du
terrain.*

Architecture comme espace
*Les articulations des bâtiments, les circulations,
sont des espaces importants dans la conception
intérieure. Par exemple, les halls de leurs
équipements publics ont un rôle de noyau, comme
élément de cohésion de toutes les parties du
bâtiment. Ils sont plus qu'un espace d'accès, ils sont
un lieu de halte, de rencontre, mais surtout de
progression entre l'intérieur et l'extérieur et un
véritable lien entre différentes zones de l'édifice.
Par ailleurs, la paroi est un élément sur lequel
Canale 3 porte une attention particulière, en
l'explorant dans toutes ses variantes. L'attribution
de la fonction de séparation, de césure, ou de
perméabilité visuelle, plus ou moins filtrée, suggère
tour à tour l'emploi de matériaux et de solutions
techniques différents. Cela va des murs-rideaux
compacts de type traditionnel aux façades stratifiées
et superposées en verre et métal ou munies de brise-
soleil, déterminant des textures complexes. Aux
exigences fonctionnelles liées au programme - qu'il
s'agisse d'équipements publics, d'écoles ou
d'immeubles résidentiels - vient s'ajouter une
dimension plastique, esthétique, pour laquelle
Canale 3 manifeste aussi un vif intérêt.
Leur attitude face aux matériaux est
expérimentale, elle consiste en un détournement de*

different purposes, as exemplified by the way they have used Finnish wooden panels as moulds for facade claddings or inside walls. "Every concept imposes its own material or materials based on their colour, appearance or connotations".
The stylistic austerity with which materials are chosen is even more accentuated in the interior spaces or in the layout of the pedestrian areas serving the various projects. In these cases, the recurring use of natural elements is associated with the systematic use of concrete for the structural parts and claddings. The concrete, which is either prefabricated or cast-on-site, is treated with additives or surface treated through operations such as polishing. The results are often comparable to finer materials like stone.

The use of this particular material in French architecture stretches back to the early masters and right through last century. Mastery of this kind of technology is now part of the nation's general cultural heritage and is often a good gauge of the quality of a work of architecture. The unifying thread in any interpretation of Canale 3's apparently quite diversified range of works of architecture is their figurative function. The representation of reality is gradually transformed into a harnessing of complexity. The challenge lies in drawing functionally efficient works of architecture from this complexity; works which are unique in terms of their specific features, shot through with meaning and, at the same time, both compact and above all memorable enough to leave an indelible mark in the collective psyche. Fortunately, the fact that both the architect and building user share exactly the same perceptual processes often enables the right route to be followed and right decisions to be taken, provided the ultimate objective has been clearly stated. Paraphrasing Jack Kerouac we might say "first make sure you yourself are satisfied, and then the user will get the right telepathic shock and analogous experience since the same psychological laws operate in both your mind and his".
These are just some indications of the hard work and effort that the architects of Canale 3 put into their profession on a day-to-day basis, as can be seen in all important projects they have either designed or constructed.

*l'usage traditionnel. L'emploi de panneaux de bois finlandais - normalement utilisés pour les coffrages - comme revêtement de façade ou cloisons intérieures, en est un exemple extrême. "Chaque concept impose son ou ses matériaux pour leur couleur, leur aspect ou leur connotation".
Le choix des matériaux devient encore plus strict lorsqu'il s'agit d'espaces intérieurs ou d'aménagements d'aires piétonnes. Ici les éléments naturels s'associent à l'emploi systématique du béton pour les structures et le revêtement. Le béton, préfabriqué ou coulé in situ, est traité avec des produits spécifiques, ou subit des traitements de surface comme le polissage, qui permet d'obtenir un aspect de pierre ou de granit.*

*La prise en compte et l'utilisation de ces éléments dans la conception architecturale s'inscrit dans l'histoire de l'architecture particulièrement depuis le siècle dernier. La maîtrise de la technologie fait désormais partie d'un patrimoine de connaissances, et est le signe de qualité architecturale.
Ainsi prend forme, pour l'architecture de Canale 3, une clé de lecture unificatrice de leur démarche. La différenciation apparente de leurs constructions, c'est le rôle représentatif que l'on attribue aux oeuvres.
Représenter la réalité signifie, en architecture, gérer la complexité.
Le défi consiste à transformer cette complexité en ouvrages, répondant en effet aux exigences fonctionnelles, à ce qu'ils soient uniques par leur spécificité, et porteurs de contenu. En même temps, ils doivent être concis et surtout mémorables, ou mieux, participer de la mémoire et de l'expérience de chacun.
La similitude de perception qu'ont en commun l'architecte et l'usager permet, heureusement, de comprendre quel est le bon parcours et d'effectuer les bons choix, à condition cependant que l'objectif soit clairement défini. Paraphrasant Jack Kerouac, nous pourrions dire "d'abord, tu dois te satisfaire toi-même, et ensuite l'usager recevra inévitablement le choc télépathique et connaîtra la même expérience, puisque ce sont les mêmes lois psychologiques qui gouvernent ton esprit et le sien".
Voici quelques traits du travail et des efforts que l'équipe de Canale 3 produit jour après jour, dont la trace est visible dans leurs réalisations et dans l'importance des projets réalisés.*

Works/*Réalisations*

Flats/*Logements sociaux,* Cité Griset, Paris

Project/*Maîtrise d'oeuvre:*
Canale 3, Boudon-Michel-Monnot
Client/*Maître d'Ouvrage:*
R.I.V.P.
Realization/*Réalisation:*
1989
Net Surface/*Shon:*
2737m²
Programme:
30 Residential Units/*Logements*

The Paris rooftops physically embody the triumph of the law of chaos over the desire for order gradually imposed over the centuries through a vast array of urban development schemes. The "tabula rasa" period, when entire neighbourhoods were knocked down in the name of redevelopment, has come to a close. Outside its main axes, the city is expanding and building up around itself. This apparent disorder hides a carefully orchestrated pattern of growth.

The 30-flat building at Cité Griset in the XIth arrondissement of Paris is shaped by the way it interacts with its surroundings. The urban fabric has quite literally been stitched back together. There was nothing special about the building lot: an entrance with no exit and a rather disorderly bayonet-shaped plot of land. The idea was to exploit the site's potential by drawing on the local surroundings. A carefully gauged work of architecture, closely anchored to the ground, bearing Canale 3's characteristic signature.

Built in three sections, it looks like one single block. The project brief, specifying that the building was to occupy an "L"-shaped plot of land, was interpreted in a rich and innovative architectural idiom. The architects came up with an ingenious way of creating the number of flats requested by the client. Complying with the town-planning constraints, one corridor serves the duplex apartments on each of the three floors and two stairways lead up to all the flats. The stairwell overlooking the garden is connected to an overhead walkway that fits in with the morphological features of the surrounding neighbourhood: flyovers over the local building blocks. The architects drew heavily on the concept of creating breaches to open up gaps for letting in light. The curved facade joins together the various structures, opening up the flats to the south and providing panoramic views. Careful attention was paid to the choice of materials. The facade facing the road and the concave section facing the courtyard are clad with stone working on a design that is much more than mere assembly. The main block is made of grooved concrete to try and stop vandalism. The entire complex creates a powerful landmark in the middle of the neighbourhood, as the three main architectural features form one single unit interacting with the ground and surrounding environment.

La vue des toits de Paris révèle la suprématie de la loi du chaos, sur la volonté d'ordre mise en place à travers les siècles, par les différents plans d'urbanisation de la capitale. L'époque de la "table rase" est révolue, où la rénovation des quartiers passait par leur destruction systématique. Mais loin des grands tracés, la cité, mue par les lois de la croissance, se construit sur elle-même. Dans ce désordre apparent, des organisations savamment orchestrées se tissent, et puisent leurs ressources dans les confrontations immédiates.

L'immeuble de 30 logements de la Cité Griset, situé dans le onzième arrondissement, à Paris, trouve corps dans cette relation au contexte.

Il s'agit d'un travail de suture tendant à recomposer le tissu urbain. La parcelle n'avait rien d'exaltant: une voie sans issue et la forme plutôt désarticulée du terrain en baïonnette. L'approche a été celle d'optimiser le potentiel de la parcelle, en s'appuyant sur les mitoyens existants.

Une architecture précise, calibrée et fortement ancrée dans le site en est le résultat, signe de l'expérience de Canale 3.

Composé de trois parties, le bâtiment apparaît comme un corps unique. Les contraintes du programme, dont le projet devait prendre place sur une parcelle en "L", ont finalement constitué une richesse, et le point de départ d'un nouveau langage, pour les architectes de Canale 3.

Pour réaliser le nombre de logements demandé par le maître d'ouvrage, les architectes ont rivalisé d'ingéniosité. Seule une coursive tous les trois niveaux dessert les appartements en duplex et deux cages d'escalier distribuent l'ensemble des logements. La cage d'escalier donnant sur le jardin est desservie par une passerelle aérienne, rappelant la morphologie du quartier : des rues surplombant des îlots.

La façade courbe unifie les volumes, elle permet aussi une plus large exposition des appartements au sud et leur offre une vue panoramique.

Les matériaux utilisés ont été l'objet de choix très méticuleux. La façade sur rue, et la partie concave donnant sur la cour, sont revêtues de pierre, selon un dessin qui va au-delà du simple assemblage. Le socle est en béton cannelé, pour repousser les inévitables taggeurs.

L'ensemble présente une identité forte au sein du quartier, les trois éléments architecturaux forment un tout, rivé à leur environnement, au sol comme en volume.

View from the garden of the
block of council flats in the XIth
arrondissement of Paris.

*Vue depuis le jardin de l'ensemble
de logements sociaux réalisé dans
le 11ème arrondissement de Paris.*

Detail of the concave facade
whose Saint-Agnant stone
cladding is stylistically
positioned to create
characteristic facade designs.

*Détail de la façade concave dont le
revêtement en pierre de Saint-
Agnant, assemblée selon une
logique de composition, assure la
spécificité des façades.*

Site plan and, below,
plan of level R+3.

Plan masse et, dessous,
plan du niveau R+3.

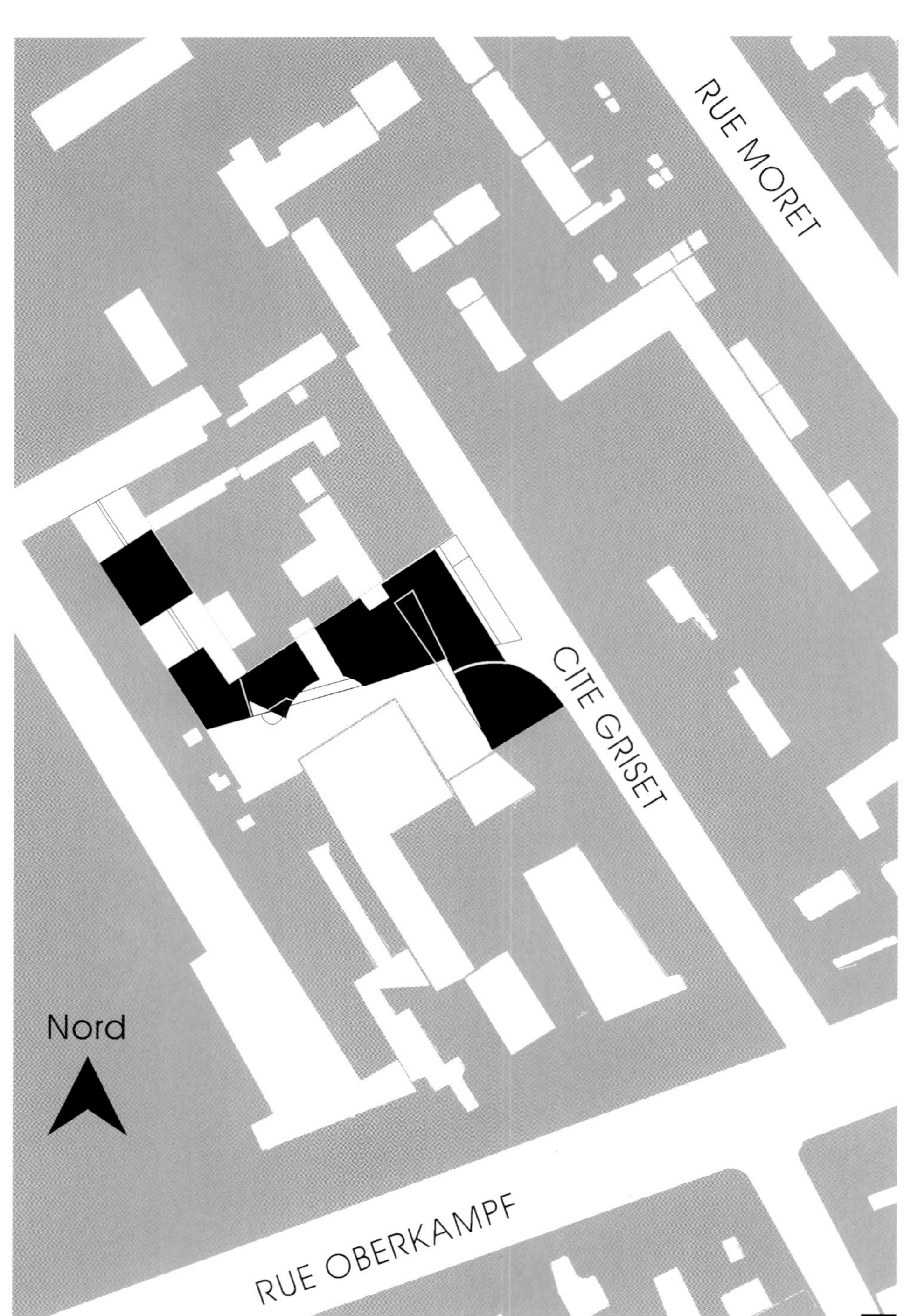

High School/*Lycée* Charles Baudelaire, Fosses

Project/*Maîtrise d'oeuvre:*
Canale 3, Boudon-Michel-Monnot
Client/*Maître d'Ouvrage:*
Région Ile-de-France
Engineering/
Bureau d'Etudes Techniques:
Serete Construction
Landscaping/*Paysagiste:*
Latitude Nord
Competition/*Concours:*
1989
Realization/*Réalisation:*
1990
Net Surface/*Shon:*
12800 m²
Programme:
1200 Students/1200 *élèves*

Charles Baudelaire High School in the city of Fosses, Val d'Oise, is located on the edge of the city in a particularly picturesque setting that calls to mind the landscapes Van Gogh painted at Auvers-sur-Oise.

This building is surrounded by a rural-farm landscape that has none of the problems of urban suburbs or densely built-up areas.

Reminiscent of Evariste Gallois High School in Noisy-le-Grand, it can cater for 1200 pupils, was designed in 1989 and built in record time in 1990. The building was completed on time and within the planned budget. Canale 3 exploited the school's position on the edge of the city and countryside: the curved curtain facade facing the city draws on the latest developments in glass technology and projects a distinctly urban image; over on the garden side, the building is designed to offer picturesque views across the countryside.

On the road side, the central courtyard projecting into the garden draws the complex together and creates a sense of transition. It also forms a path leading from the entrance plaza and lobby out towards the city and surrounding countryside.

Two parallel buildings of different lengths built around the courtyard group together the classrooms that are actually linked by a kind of old-fashioned agora. The smoothness with which the corridors, reception areas and congregation spaces have been constructed breaks up the more tightly grouped teaching facilities. A curved glass wall over at the entrance plaza marks a gentle boundary between interior and exterior. The prismatic "kernel" in the middle of the building entrance holds the stepped multi-purpose room. This pure structure of blank walls is constructed out of high-quality exposed concrete. Concrete is the main material used for both the outside sections and the finishing features in the interior rooms and structures. The prefabricated elements are made of white concrete sanded on the surface, while the parts assembled-on-site are made of grey concrete designed to create a slightly shimmering effect.

A cement mixer installed on the building site made it possible to control the quality of the concrete. Seven private living quarters for members of staff have been built against a buttress wall on the edge of the school facilities. Each house has its own garden hidden from view by the park. The intricate layout of space that Canale 3 designed to comply with the elaborate project brief makes this more than just a school building: it could actually be compared to a centre for the arts. The attention to detail, without overlooking practical considerations, makes this an ideal environment for the pupils.

Le lycée Charles Baudelaire de Fosses, dans le Val d'Oise, se dresse en lisière de la ville, sur un site particulièrement suggestif, semblable aux paysages peints par Van Gogh à Auvers-sur-Oise.

L'environnement de cet édifice est dominé par son caractère rural, et agricole, loin des problématiques des banlieues et des zones à forte densité urbaine.

Comme le lycée Evariste Gallois, à Noisy-le-Grand, ce projet est le résultat d'un concours conception-construction en Ile-de-France. Destiné à recevoir 1200 élèves, il a été conçu en 1989 et réalisé, en 1990, en un temps record. Le respect des délais et des coûts a été exemplaire.

Cette situation entre ville et campagne a orienté l'approche de Canale 3. En effet, l'édifice joue de cette opposition, le mur rideau courbe regardant la commune emprunte aux nouvelles technologies du verre, et renvoie l'image de la ville, tandis que sur le jardin, le bâtiment est pensé comme un belvédère ouvert sur la campagne.

Depuis la rue, la cour centrale en porte-à-faux sur le jardin, fédère l'ensemble et assure cette transition.

Elle propose un parcours qui, en prolongement du parvis et du hall mène de la ville à la campagne.

Encadrant la cour, deux corps de bâtiment parallèles, de longueur inégale, regroupent les salles d'enseignement, reliées entre elles par un vaste hall inspiré de l'agora classique. La fluidité des lieux de circulation, d'accueil et de rencontre rompt avec la compacité des espaces d'enseignement.

Sur le parvis, une paroi de verre courbe, ménage une frontière légère entre l'extérieur et l'intérieur.

Au milieu du hall, un prisme, "noyau dur" du bâtiment, abrite la salle polyvalente en gradins. La pureté de ce volume aux parois aveugles est obtenue par la qualité du béton apparent lazuré.

La présence du béton est prépondérante, tant dans les parties externes que dans les éléments de définition des ambiances et des volumes internes. Les éléments préfabriqués sont réalisés en béton blanc traités en surface par un sablage tandis que les parties coulées en place sont en béton gris lazuré, donnant un aspect légèrement moiré.

Une centrale à béton propre au chantier a garanti le contrôle et la qualité maximale des bétons.

Le plan d'ensemble intègre 7 logements de fonction qui s'appuient sur un mur contrefort en limite du parc du lycée. Chaque maison s'ouvre sur son jardin privatif, protégé des regards du parc.

La complexité et l'articulation des espaces conçus par Canale 3, en réponse au vaste programme, font de ce lycée un peu plus qu'un établissement scolaire, on pourrait le rapprocher d'un équipement culturel. Le degré de finition et le soin apporté au détail, sans jamais oublier l'usager, ont fait que les lycéens se sont véritablement appropriés les lieux.

Previous page, the road side of
Lycée Charles Baudelaire built
on the boderline between the
town and countryside. Right,
site plan.

*Page précédente, le Lycée Charles
Baudelaire, côté rue, construit à
la limite entre ville et campagne.
Ci-contre, plan masse.*

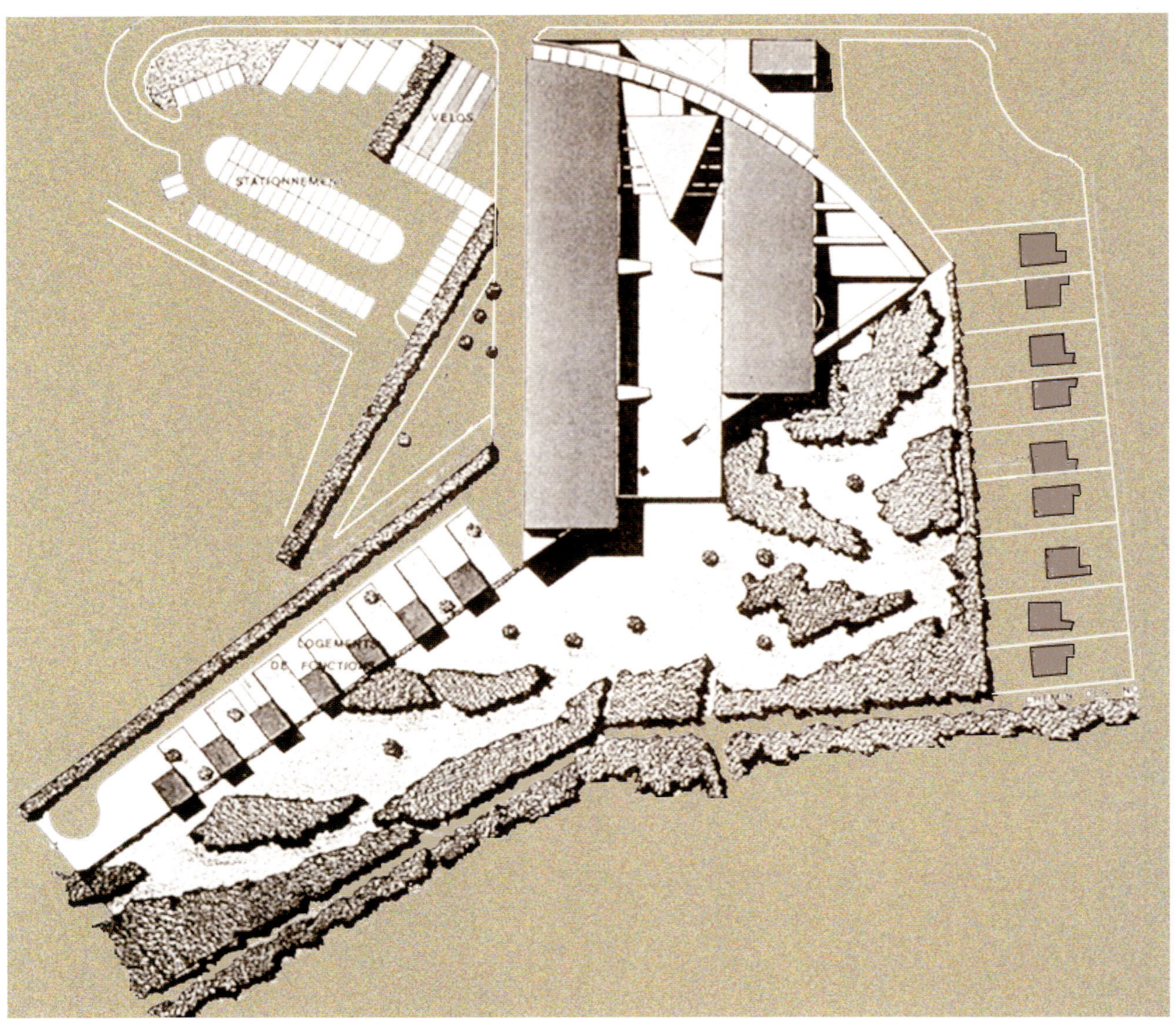

Left, ground floor plan and,
right, plan of level R+1.

*Plan du rez-de-chaussée, à
gauche, et plan du niveau R+1,
à droite.*

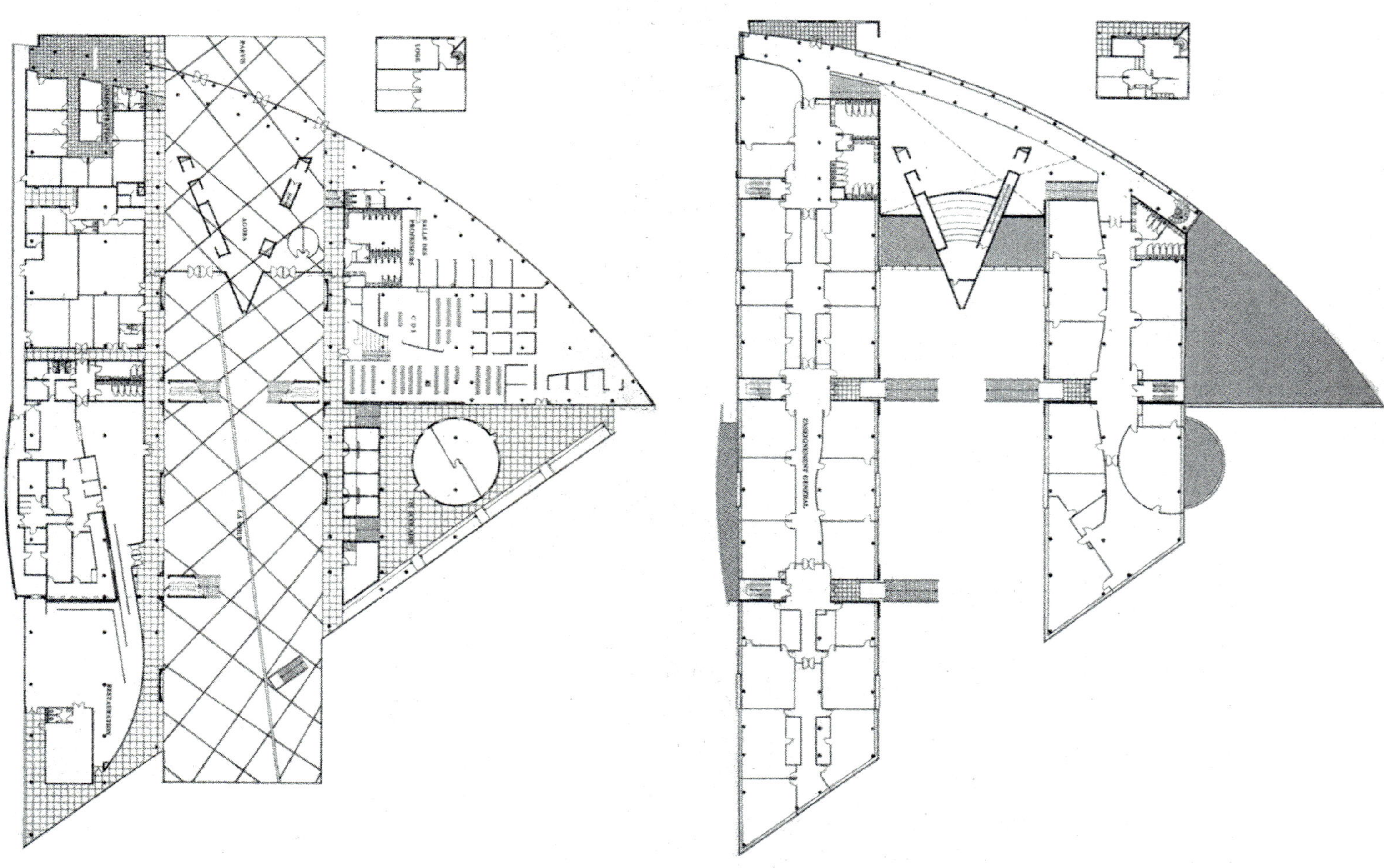

Two buildings enclosing an
observation deck overlooking
the countryside.

*Deux corps de bâtiment enserrent
un belvédère qui surplombe la
campagne.*

Over on the road side, the
pupils' courtyard is created by
way the convex facade is set
back from the building.

*Sur rue le parvis des élèves est créé
grâce au retrait de la façade
convexe de l'édifice.*

Opposite page, the courtyard
passage way to the hall. Left, the
space joining together the two
wings of the building.

*Page de gauche, le franchissement
du parvis vers le hall. Ci-contre,
l'espace de relation entre les deux
ailes du bâtiment.*

Details of the hall and inside corridors.

Détail du hall et des systèmes de distribution interne.

Flats/*Logements pour la Poste,*
rue St. Jean Baptiste de la Salle, Paris

Project/*Maîtrise d'oeuvre:*
Canale 3, Boudon-Michel-Monnot
Client/*Maître d'Ouvrage:*
Ministère des P.T.E.
Engineering/
Bureau d'Etudes Techniques:
Eurotec
Competition/*Concours:*
1989
Realization/*Réalisation:*
1991
Net Surface/*Shon:*
1605 m²

This housing complex in Rue St. Jean Baptiste de la Salle in Paris is designed to hold together an entire building block in the VIth arrondissement. It includes 24 flats for young postal workers following training courses in Paris, locker rooms for employees of the Caisse d'Epargne and a two-storey car park facility. This small metal-clad structure inserted between two buildings fits neatly into its surroundings, exploiting the shape of its building lot to the full.

The symmetrical main facade, playing on differences in alignments and layouts, contrasts with the bulky rear facade. Both evoke the industrial aesthetics of a nearby building housing the French Savings Bank dating back to the late XIXth century. Canale 3 has opted for a design idiom whose stylistic force is as powerful as it is carefully balanced. Two porticoes, evoking the vertical rhythms of the Caisse d'Epargne, hold up an overhanging volume and line it up with the road. Two wide terraces in the top section, facing south and protected by sunscreens, are fitted in between the porticoes. A full-height opening filled with hanging fixtures highlights the entrance and provides natural lighting for the landings. The symbolic entrance area, inspired by arcades, is further accentuated by the symmetry created by two stainless steel columns (air vents for the car parks). This aperture gives a sense of the sheer size of the building - it is wider than it is high - and, at the same time, draws attention to the building section, an ironic allusion to Dogon's African statues. Incisions mark the basic lines, as the prefabricated panels in the aperture create a break in scale. The stone inserts (lazures) applied to the concrete of the porticoes create shimmering light and gently match the gentle light bouncing off the aluminium walls.

Plenty of attention has been paid to the textures of the concrete and the quality and laying in place of the aluminium cladding. The finishing is extremely carefully gauged. The plan of the flats is specially designed to allow the young postal workers to adapt them to their own taste. The housing units, originally designed as small flats, can easily be adapted to inhabitants' requirements. The basic module is a single space measuring approximately 50 square metres, except for the top-floor flats which are duplex apartments with balconies overlooking the road. The roadside facade stands in stark contrast to the rear facade. The spatial contrast inevitably brings to mind Steiner House in Vienna, where Adolf Loos designed a way of smoothly integrating conflicting facades.

Cet immeuble résidentiel, situé rue Saint-Jean-Baptiste de la Salle, à Paris, est un élément de cohésion dans cet îlot du 6ème arrondissement. Il comprend vingt-quatre logements, destinés aux jeunes postiers, en stage à Paris; des vestiaires pour les employés de la Caisse d'Epargne, et des parkings sur deux niveaux.

Niché entre deux mitoyens, ce petit bâtiment habillé de métal s'inscrit docilement dans son contexte, tirant le meilleur profit de la forme de la parcelle.

La façade principale symétrique, jouant des différents alignements et des gabarits, s'oppose à la façade arrière, généreusement ventrue. Elles rappellent l'esthétique industrielle de l'immeuble voisin; première Caisse d'Epargne de France datant de la fin du XIXe siècle. Canale 3 a opté ici pour un langage dont la qualité plastique est aussi forte qu'équilibrée.

Deux portiques, à l'image des rythmes verticaux de la Caisse d'Epargne, portent un volume en encorbellement, et assurent l'alignement avec la rue. En partie haute, deux vastes terrasses, orientées au sud, protégées par des brise soleil trouvent place entre les portiques.

Une faille sur toute la hauteur, habitée par des volumes en suspension, magnifie l'entrée et permet l'éclairage naturel des paliers.

Le caractère symbolique de l'entrée, à l'image d'un porche, est accentué par la symétrie, appuyée par deux colonnes en acier inoxydable (bouches d'aération des parkings).

Par cette brèche, on peut percevoir la dimension de l'édifice et lire la coupe du bâtiment, clin d'oeil au profil des statues africaines Dogon. Les engravures étirent des lignes, redécoupent les panneaux préfabriqués de la faille proposant des ruptures d'échelle.

Les lazures appliquées sur le béton des portiques font vibrer la lumière, et répondent avec douceur à l'éclat des parois en aluminium laqué.

Le travail sur les textures de béton, sur la qualité et la pose des bardages aluminium n'a laissé aucune place à l'erreur. Le niveau de finition est absolument maîtrisé.

Le plan des logements a été étudié spécifiquement pour satisfaire aux exigences d'une éventuelle transformation de la part des jeunes postiers.

Les unités, conçues initialement pour de petits appartements, peuvent être facilement modulées pour obtenir un espace à la convenance de ses habitants. Le module de base est constitué généralement d'un espace unique de 50 mètres carrés environ, à l'exception des logements au dernier étage qui sont des duplex et profitent des terrasses sur rue.

La façade sur rue pleine de civilité s'oppose au volume pur de la façade arrière. Cette opposition spatiale rappelle inévitablement la maison Steiner à Vienne où Adolf Loos conçut un modèle de coexistence entre façades opposées dissemblables.

Opposite page, detail of the
front facing the road. The
façade plays on the different
alignments and vertical patterns
of the dividing buildings.

*Page ci-contre, détail de la façade
sur rue. La façade joue des
différents alignements et des
rythmes verticaux des bâtiments
mitoyens.*

Bottom of page, standard floor
plan, axonometric cutaway of a
unit and elevation on the
courtyard side.
Right, cross section.

En bas, plan de l'étage courant,
axonométrie d'une cellule et
élévation côté cour. Ci contre,
coupe transversale.

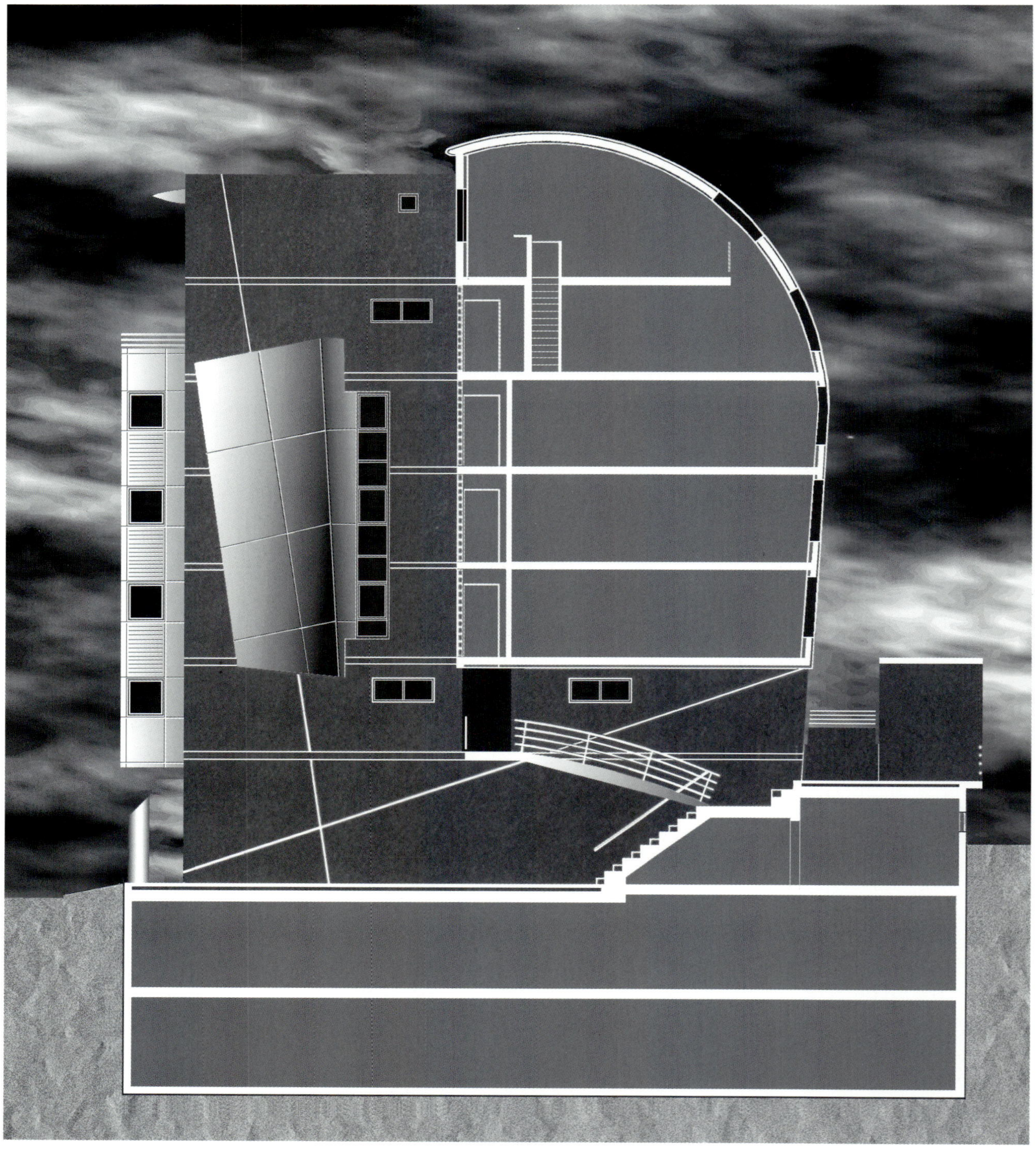

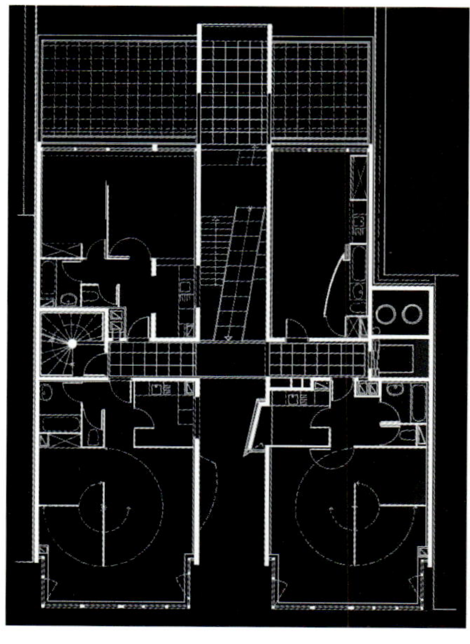

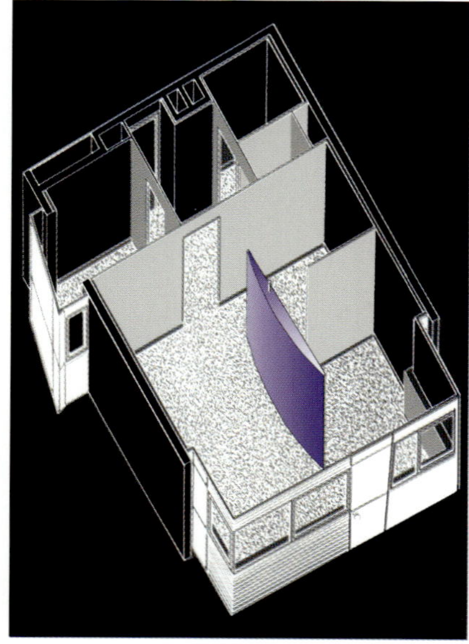

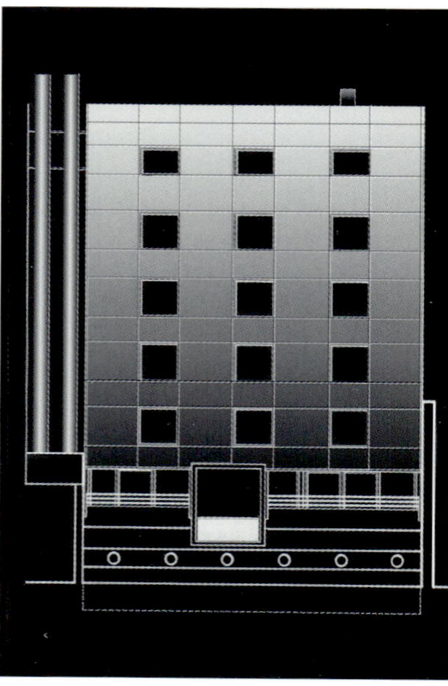

Model whose curved profile shapes the part facing the inside of the lot.

Maquette de l'édifice dont le prospect à l'intérieur du lot est défini par une forme courbe.

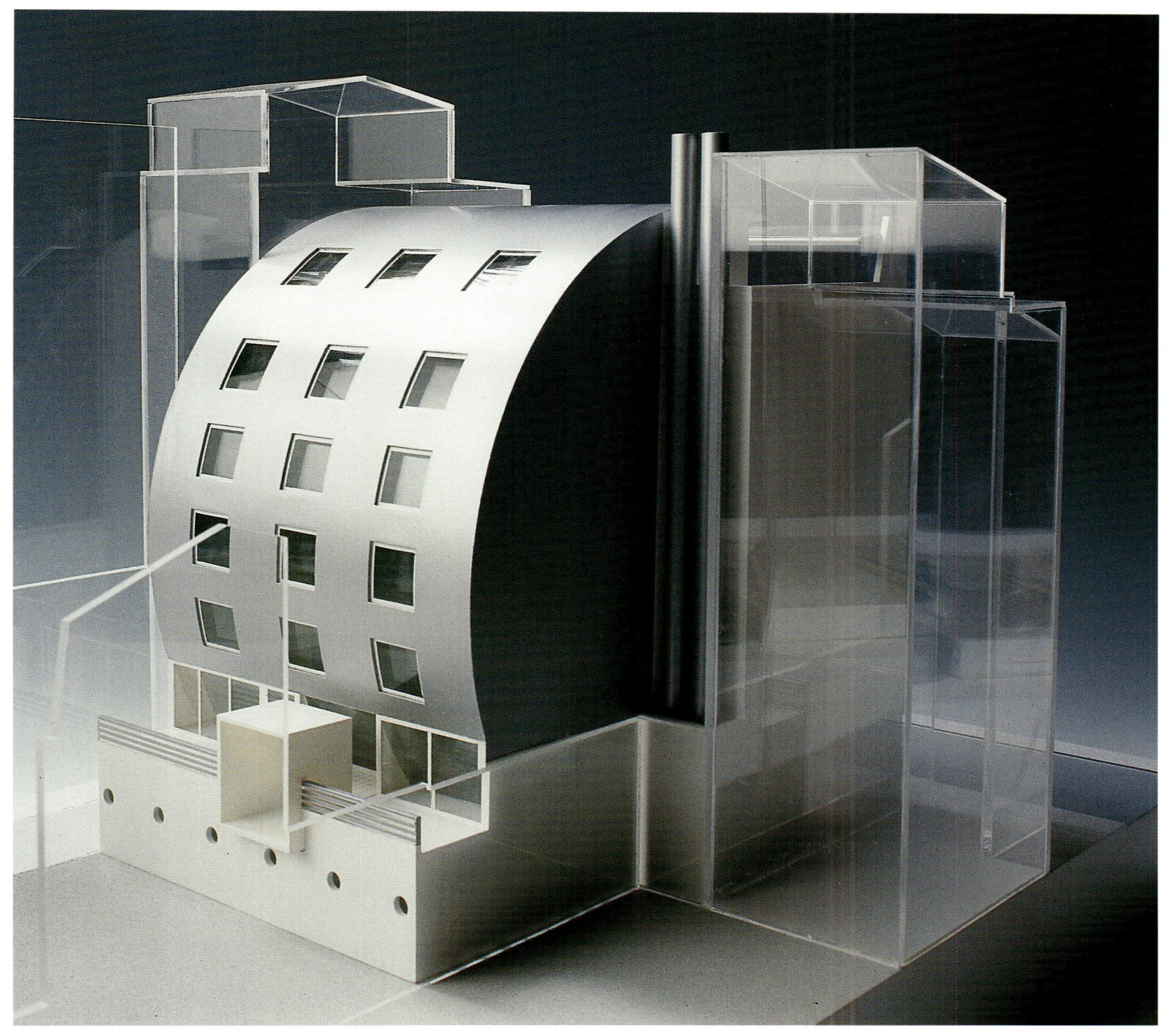

Details of the outside cladding
of the facade facing the road.

*Détails du bardage extérieur de la
façade sur rue.*

Detail of the full-height lobby
holding suspended volumes
characterising the entrance and
providing natural lighting for
the galleries.

*Détail de la faille toute hauteur,
habitée par des volumes en
suspension, qui caractérise l'entrée
et permet l'éclairage naturel des
paliers.*

View of a duplex, right, and
studio, below. Most of these
flats cover an area of about 50
m2, except for the top-floor
duplex apartments, and can
easily be adapted to their
tenants' needs.

*Vue d'un duplex, à droite, et, ci-
dessous, d'un studio. Les unités
qui sont constituées généralement
d'un module base de 50 m2
environ, à l'exception des duplex
au dernier étage, peuvent être
facilement modulées pour obtenir
un espace à la convenance des
habitants.*

The joint section of the flats
featuring different colour
schemes for the walls and floors
to add a personal touch to he
communal areas.

La partie commune des logements
rythmée par la diversité
chromatique des parois et des sols
qui personnalise les espaces
collectifs.

Administration, Social and Health Centre
Centre Administratif, Médical et Social, Aubervilliers

Project/*Maître d'oeuvre:*
Canale 3, Boudon-Michel-Monnot
Client/*Maître d'Ouvrage* :
Ville d'Aubervilliers
Engineering/
Bureau d'Etudes Techniques :
Getco
Competition/*Concours:*
1989
Realisation/*Réalisation:*
1994
Net Surface/*Shon:*
3105 m²

The idea of combining a wide variety of different functions in one single unit has clearly influenced the architectural design of this multi-faceted building in the north-eastern suburbs of Paris. The competition brief, organised by the Aubervilliers City Council in 1989, was constantly modified over the five years leading to its completion. The city council has grouped together various municipal services: a city-communication service, a branch of the nearby medical centre, and a Young Children's Home.

The design is notable for the way it is inserted in a dense (near the Townhall and a church registered as a historical monument) yet varied (different scales) urban setting. This carefully analysed context has been stitched back into a unified whole through a design that rewrites local history. An interplay of historical citations evoking the past and drawing on the great modern tradition creates a series of structures that are a pleasure to admire. The transparent top-floor office spaces literally seem to spring out of the curtain wall. It is the experimentation of someone like Sheebart rather than deconstructivism that is the real inspiration behind this part of the design.

The various components of the project have been chosen to converge into one single design. Differences in materials and textures accentuate the contrast.

The facade facing the garden is mainly made of glass. The building has a carefully designed aluminium skin over on the side of the square opposite the town clock. This aluminium cladding extends over the roof and turns into a series of slats protecting the south facade. The lower section made of basalt concrete over on the road side seems to literally emerge from the ground. This technological interplay of micro and macro structures (a strong point of Canale 3's work) creates a delightful effect.

La multiplicité des fonctions, rassemblées sous un seul toit, a influencé l'architecture de ce bâtiment à multiples facettes situé en banlieue nord-est de Paris. Le programme du concours, lancé par le Ville d'Aubervilliers en 1989, a subi de nombreux aménagements durant les 5 années qui ont précédé la complète réalisation. La commune y a regroupé différents services municipaux : le service-communication de la ville, une annexe du centre médical voisin et une Maison de la Petite Enfance. Ce projet se caractérise par son emprise dans un environnement urbain particulier, à la fois dense (proximité de la mairie, et d'une église classée à l'inventaire des Monuments Historiques), et hétérogène (pignon en attente, échelles différentes). Dans ce contexte, analysé avec soin, il recompose un ensemble cohérent, réécrit une histoire du lieu qui s'impose par son évidence. Un jeu de confrontation de différentes citations, faisant appel à la mémoire mais aussi à la grande tradition moderne, crée un assemblage de volumes que l'oeil découvre avec plaisir. Ainsi, les espaces de rencontre des bureaux, situés dans les derniers étages, semblent sortir du pignon en un volume cristallin. On pense, ici, beaucoup plus aux recherches d'un Sheebart, qu'à une incursion chez les déconstructivistes.

Les différentes composantes du projet ont été choisies pour s'inscrire dans une logique plus globale. La diversité des matériaux et des textures renforce l'impression de contraste. La façade sur le jardin est largement vitrée. Sur la place, face au cadran, le bâtiment se drape d'une feuille d'aluminium soigneusement dessinée. Cet habillage recouvre la toiture, et se transforme en une série d'ailerons protégeant la façade sud. Sur la rue, le soubassement en béton d'agrégat de basalte semble être issu du sol même. Cette maîtrise de la technologie, ce va et vient entre macro et micro est un jeu auquel Canale 3 excelle, et semble prendre un réel plaisir.

The road side facade, over to the south, of the Centre Administratif Médical et Social in Aubervilliers. Right-hand page, Cadran Solaire Square, a public space overlooking the town, marking the transition between modern and traditional architecture.

La façade sur rue, côté sud, du Centre Administratif Médical et Social à Aubervilliers. Page à droite, la place du Cadran Solaire, espace public ouvert sur la ville, lieu de transition entre architecture moderne et traditionelle.

SALLE
VEHICULES
SANITAIRES
ET ABONNES
PARKING

Site plan and cross section.
Left, the facade overlooking the
Cadran Solaire Square.

Plan masse et coupe transversale.
A gauche, la façade qui donne sur
la place du Cadran Solaire.

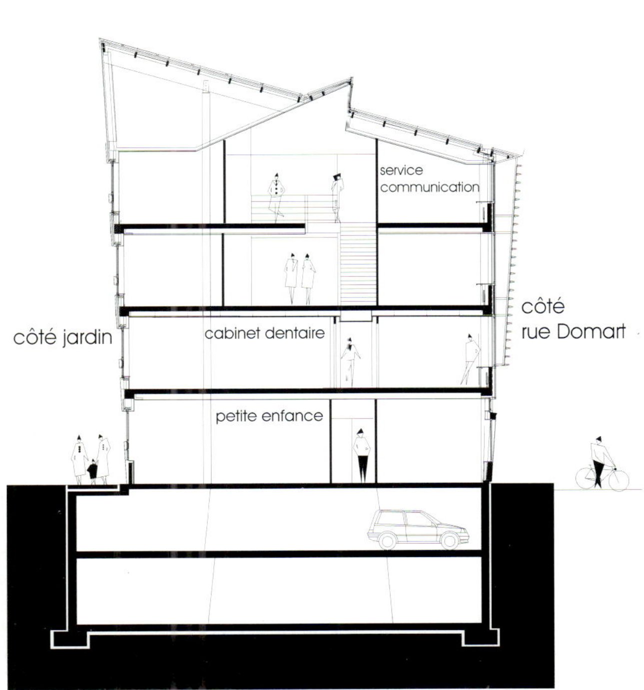

service
communication
côté jardin
cabinet dentaire
côté
rue Domart
petite enfance

Side view of the north front
whose aluminium cladding is
meticulously designed.

*Vue latérele de la façade nord qui
se caractérise par un bardage
d'aluminium soigneusement
dessiné.*

The top of the alucobond-clad
building and facade facing the
road featuring a glass window
shielded behind extruded
aluminium sunscreens.

*La partie de l'édifice revêtue
d'alucobond et la façade vitrée sur
rue caractérisée par des brise-soleil
en aluminium extrudé.*

A splinter of glass cuts through
the facade. Opposite page, the
lobby leading to the office
space.

*Un éclat de verre perfore la
façade. Page ci-contre, l'atrium
sur l'espace bureau.*

Youth Hostel/ *Centre d'Hébergement, Saint-Quentin-en-Yvelines*

Project/ *Maîtrise d'oeuvre:*
Canale 3, Boudon-Michel-Monnot
Client/ *Maître d'Ouvrage:*
Syndicat Mixte de la Base de
Loisirs de St-Quentin-En-Yvelines
Engineering/
Bureau d'Etudes Techniques:
Getco
Competition/ *Concours:*
1991
Realisation/ *Réalisation:*
1993
Net Surface/ *Shon:*
1353 m²

This project involves the extension and redevelopment of a building in the middle of a Leisure Centre in Saint-Quentin-en-Yvelines.

The extension, designed to hold 24 rooms and a refreshments area, stands in front of the old building that has been converted into an administration office. A joint hall links together the two sections.

The building lies in a picturesque setting: wide open countryside separated from the lake by a stretch of woodlands.

All the rooms face south around a site plan shaped like the arc of a circle. They are connected round the back by a circular corridor extending towards the outside in the form of special landscaping (embankment and plantations).

The idea of drawing on the features of the surrounding landscape is hardly new, and using materials found locally and taking inspiration from the morphology of the land does not guarantee high-quality architecture: Canale 3 has done a lot more than just evoke the surrounding context. The main material used, wood, comes from forests nearby and has been applied using

Ce projet consiste en l'extension et la réhabilitation d'un bâtiment situé au milieu de la Base de loisirs de Saint-Quentin-en-Yvelines.

L'extension, destinée à accueillir 24 chambres et un espace de restauration, se déploie devant le bâtiment ancien, transformé en espace administratif. Un hall commun fait le lien entre les parties neuve et ancienne.

Le site naturel où se dresse le bâtiment est d'une grande beauté : une immense prairie séparée du lac par une frange boisée, dessine l'horizon.

Toutes les chambres sont orientées au Sud, sur un plan en arc de cercle. Elles sont reliées à l'arrière par un couloir circulaire, qu'un aménagement paysagé prolonge a l'extérieur (relevé de terre et plantations), refermant une aire de jeu centrale qui devient son territoire.

L'idée d'utiliser les éléments caractéristiques du site n'est pas nouvelle; le fait d'employer des matériaux présent sur le site ou de s'inspirer de la morphologie du lieu n'est pas forcément le gage d'une architecture de qualité: ici, la démarche de Canale 3 va plus loin que la simple référence au contexte. Le bois, matériau prégnant, provient des forêts environnantes, il a été mis en oeuvre suivant des techniques de pointe. Le lac a

the latest techniques. The overall design is inspired by the lake.

The 24 units are designed like boat cabins, featuring bunkbeds and wooden partitions. In sharp contrast, the bearing walls are made of exposed brick.

The south facade is a mosaic of wooden panels: some are fixed and others mobile to act as shutters. When the rooms are vacant and the shutters closed, the building turns into a sort of case.

This type of facade design, recently introduced in France as a variation on traditional wooden shutters, serves its original purpose of providing privacy and protection, creating a truly self-contained system.

The use of wood - embellished by other materials such as concrete and zinc - in a variety of different species, instils the building with a sense of unity. The oak floors extend from the interior towards the exterior through strips of red wood.

The purity and force of the architectural design, enhanced by these rich shades of wood, combine to blend perfectly into the landscape as if the architects had decided to leave the last word to nature.

The facade facing the park of the Centre d'Hébergement in St.Quentin-en-Yvelines. The semi-circular shape of this building facade, backing onto an old construction, marks the playground in the middle of the park.

La façade sur le parc du Centre d'Hébergement à St Quentin-en-Yvelines. La forme semi-circulaire de cette façade de l'édifice, adossée à une construction existante, définit l'aire de loisirs au centre du parc.

Details of the outside cladding
that evokes the surroudning
landscape using natural
materials like wood and zinc.
The panels alternating with the
glass surfaces are made of
bakelite wood. Below, site plan.

*Détails du bardage extérieur qui
s'inspire du paysage alentour,
utilisant des matériaux naturels
comme le bois et le zinc. Les
panneaux qui s'alternent aux
surfaces vitrées sont en bois
bakelisé. Ci-dessous, plan de
masse.*

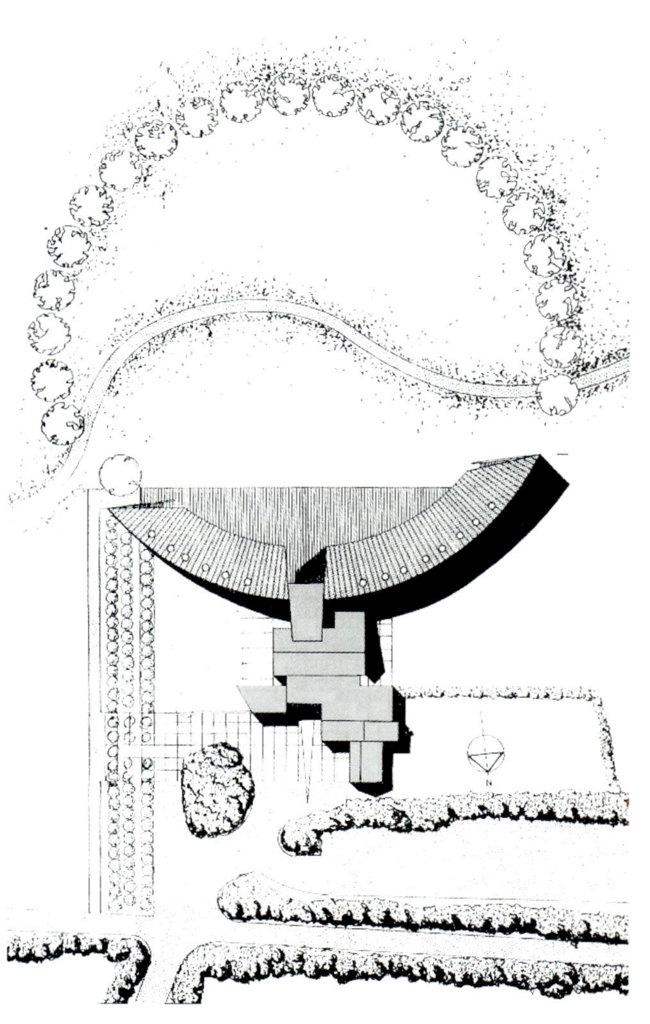

The rear facade to the north
features a red cedar cladding,
while the roof is made of zinc.

*La façade arrière au nord est
caractérisée par un revêtement en
red cedar tandis que la toiture est
en zinc.*

Detail of one of the alternating
fixed and mobile wooden panels
acting as shutters.

*Détail d'un des panneaux en bois,
alternativement fixes ou mobiles,
servant de volet.*

These pages, the circular
corridor linking together all
the bedrooms facing south
across an arc.

*Dans ces pages, le couloir
circulaire qui relie toutes les
chambres orientées au sud,
sur un plan en arc de cercle.*

High School/*Lycée* Evariste Gallois, Noisy-le-Grand

Project/*Maîtrise d'oeuvre:*
Canale 3, Boudon-Michel-Monnot
Client/*Maître d'Ouvrage:*
Région Ile-de-France
Engineering/
Bureau d'Etudes Techniques:
Bect
Landscaping/*Paysagiste:*
Latitude Nord
Competition/*Concours:*
1991
Realisation/*Réalisation*:
1992
Net Surface/*Shon:*
11294 m²
Cost/*Coût:*
77.753.768 Frs H.T.
Programme:
1158 Students/*1158 élèves*

This all-purpose high school is located in the Parisian borough of Noisy-le-Grand on the north side of the Marne Valley along an extremely busy road. Exposed concrete has been experimented with at length in France and its appearance has changed considerably over the last thirty years as it has been frequently used for public buildings and important projects. As the favourite material of the great masters of the Modern Movement, it has been technologically transformed by all the attention it has received.

Noisy-le-Grand High School rightfully takes its place among all this experimentation.

The winner of a design-build competition organised by the Ile-de-France Regional Council, Canale 3 has adapted this school building to the general programme of decentralisation in favour of the Regions currently in act in France. The school system is actually a key part of this general strategy.

The real potential of this kind of policy lies in the way it is actually implemented. Quick, close collaboration between the architects of Canale 3 and the main contractor has resulted in a feasible project that falls within the overall budget. It has also ensured that the right kind of technological-construction measures were adopted.

The structural-spatial layout was dictated by the site features, shape of the building lot and arrangement of the various entrances. The building opens onto the Marne valley and is hidden away from the busy road nearby.

The triangular building plan penetrates into the oval

Ce lycée polyvalent est implanté en région parisienne à Noisy-le-Grand sur les coteaux Nord de la vallée de la Marne, le long d'une voie rapide.

Le béton apparent est, en France, l'objet de nombreuses expérimentations. Souvent employé dans les constructions publiques, et les ouvrages de grande envergure, son aspect a considérablement évolué depuis ces trente dernières années. Ce matériau par excellence, que les grands maîtres du Mouvement Moderne ont souvent utilisé, a été l'objet d'une attention toute particulière.

C'est à ce titre que le lycée de Noisy-le-Grand trouve sa place, dans cette suite d'expérimentations.

Lauréat d'un concours lancé par le Conseil Régional d'Ile-de-France "conception-construction", les architectes de Canale 3 inscrivent délibérément cet établissement scolaire dans la stratégie issue des lois de décentralisation au profit des Régions. Le secteur scolaire en constituant l'un des vecteurs les plus actifs.

Le potentiel exploratoire de cette démarche réside dans le mécanisme même de ce type de consultations. En effet, l'immédiate et étroite collaboration entre les architectes de Canale 3 et l'entreprise générale de construction permet de garantir la faisabilité en respectant les contraintes d'enveloppe budgétaire - et autorise par ailleurs, la mise au point de solutions technologiques constructives spécifiques et innovantes. Ce sont les particularités du site, la forme de la parcelle et l'organisation des accès, qui ont orienté le choix des géométries, des volumes, et la distribution des espaces et des circulations. L'édifice s'ouvre sur la vallée de la Marne et se protège de la voie rapide.

Le plan est composé d'un triangle que vient pénétrer l'ovale

courtyard. The prismatic volume or "Monolith" is constructed out of chiselled planes that slope at different angles on various sides. Part of the monolith is cut through by a cylindrical structure, a real distribution base holding the congregation areas; on the other side, it is shot through by a spar as an extension to the plaza by the courtyard, offering a panoramic view across the Marne valley. These interacting structures create an extremely well-balanced and original design. A wide lobby forms the main axis across the building, dividing it into two separate areas: the communal spaces on one side and the classrooms on the other. The geometric patterns created by the curved form and large triangle generate carefully articulated spaces, particularly in the communal area, thereby preventing the corridors and classrooms from looking like simple rows. Experimentation has also been carried out on the facades, made of slate-coloured acrylic resin concrete panels. This ARDAL cladding has undergone the ATEX test (Appréciation Technique d'Expérimentation), a hallmark of quality allocated to experimental works by the Centre Scientifique et Technique du Bâtiment. The building emerges from the ground like a monolith; an impression that is strengthened by the slate-coloured concrete. The walls slope at different angles on the various facades, creating sharp corners and edges. The curved glass wall projecting into the countryside tones down the fortress-like appearance of this architectural mass that leaves no room for anecdote.

The west facade overlooking the school park. An oblong-shaped imprint marks the courtyard surrounded by the classrooms.

La façade ouest sur le parc du Lycée. Une empreinte oblongue dessine la cour minérale sur laquelle s'ouvre l'ensemble des salles de cour.

From bottom of page up, plan
of the ground floor, floor R+1,
site plan.

*De bas en haut, plan du rez-de-
chaussée, du niveau R+1 et plan
masse.*

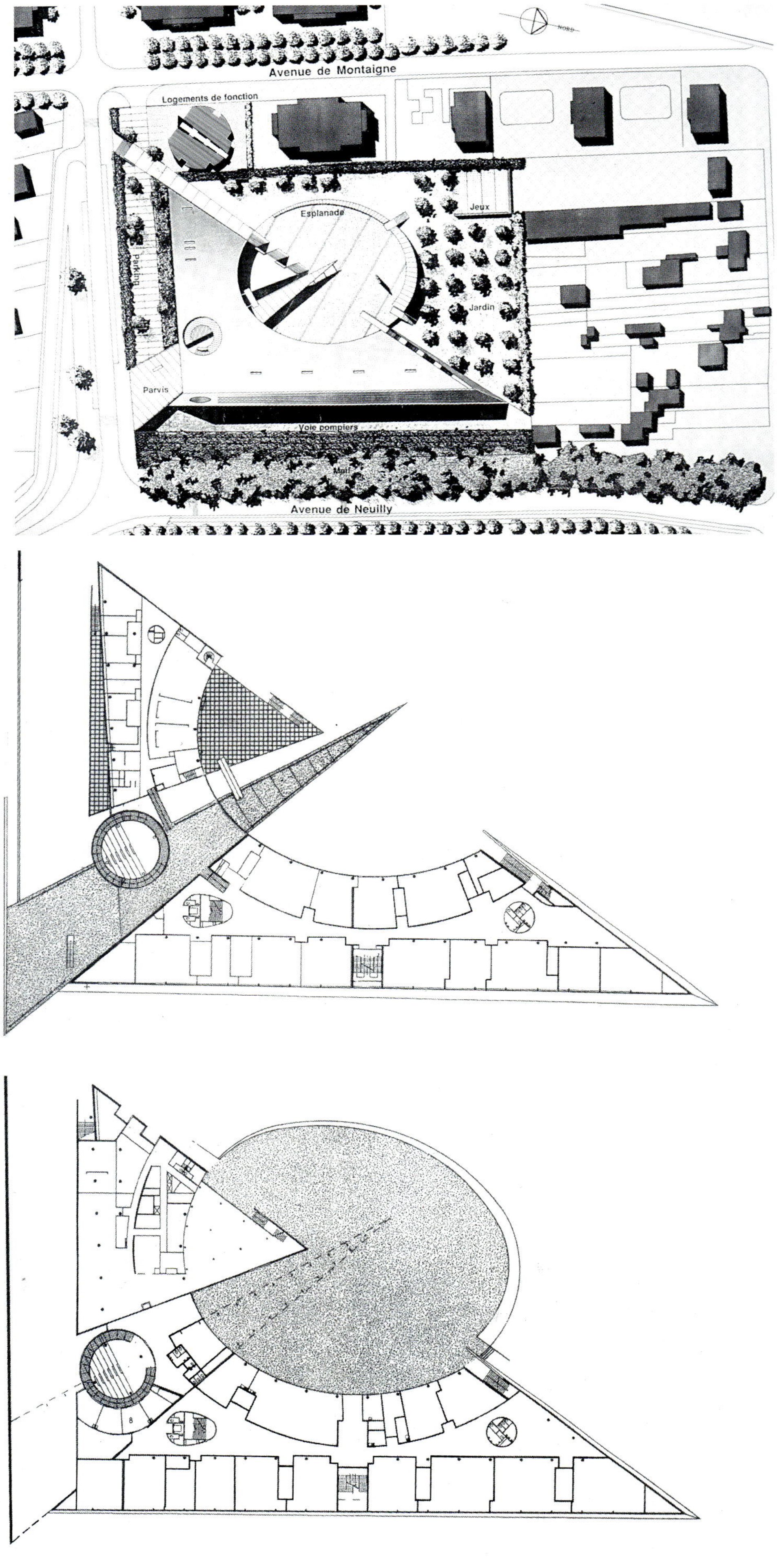

The west facade by the
entrance. The building's main
feature is its three facades,
sloping at different angles, clad
with reinforced concrete panels
to create a natural slate effect
(Ardal Parement).

A pure geometric shape - "the triangle" - counterbalances the thread length running along the facade on the garden.

Une forme géométrique pure "le triangle" épaule un grand emmarchement qui escalade la façade sur jardin.

The 15° sloping facade is
protected from the noise
coming from the facing busy
road.

*Depuis la voie rapide, le volume
émerge, la façade inclinée à 15°
échappe ainsi aux nuisances de la
voie.*

View of the sloping facade: the
structure loses substances.

*Vue de la façade inclinée : le
volume devient immatériel.*

The pupils' foyer. A spiral
ramped step distributes the
various levels of the building
and leads to the pupil's foyer at
the ground floor. Following
pages, the spiral ramp and the
entrance hall.

*Le foyer des élèves. Une hélice en
pas d'âne distribue l'ensemble des
niveaux du bâtiment et dessert le
foyer des élèves au rez-de-jardin.
Pages suivantes, l'hélice en pas
d'âne et le hall d'entrée.*

High School/*Lycée* Alfred Nobel, Clichy-sous-Bois

Project/*Maîtrise d'oeuvre:*
Canale 3, Boudon-Michel-Monnot
Client/*Maître d'Ouvrage:*
Région Ile-de-France
Engineering/
Bureau d'Etudes Techniques:
Technip-Seri
Competition/*Concours:*
1993
Realisation/*Réalisation:*
1995
Net Surface/*Shon:*
8000m² (new/*neuf*)
3200m² (old/*ancien*)

This project basically involved the partial restructuring and reconstruction of a school building. It was eventually decided to literally "raise it off the ground". Alfred Nobel High School in Clichy-sous-Bois in the eastern suburbs of Paris serves more than just ordinary school facilities.

The architects at Canale 3 have designed a park to fit into the local neighbourhood and cover the school with a sort of green carpet. The project is designed around the nearby 15-storey blocks of flats (holding a total of 300 apartments) and a stretch of greenery surrounded by a small housing estate. The high school is a powerful architectural landmark designed to stitch together these conflicting presences. It balances out and embellishes its strange surroundings.

The building seems to emerge from the ground in a natural movement through the almost geological layering of its facade. Linear horizontal features made of smooth concrete faced with crushed marble and porphyry are treated as if they were layers springing out of a crack in the ground. The main sloping facade, facing the blocks of flats, leaves its own indelible trace on the surrounding neighbourhood. The carefully designed bearing structure on the inside sets the scale and rhythm of the entire building. The bearing system is partly constructed out of a series of "concrete cubes" clad with wood. These architectural features help construct solid structures (jutting out of the roof) and spaces (interior gardens, patio) on the inside. The student foyer is like a "wooden case", whose sloping lozenge-shape arch opens into the lobby.

The architects have played on contrasting materials: grass, concrete, wood and glass, designed to create a powerful overall identity. Attention to detail, the functional arrangement of teaching and congregation spaces, and the quality with which the building is finished, is a form of social recognition for pupils who really appreciate the place.

Canale 3 has worked on modernising the school's communal facilities in conjunction with the Clichy-sous-Bois City Council. This involved creating a square plaza, designing a pedestrian path, and installing public lighting facilities.

La réhabilitation partielle et la reconstruction d'un établissement scolaire, sont les données de base de ce programme. La réponse sera un véritable "soulèvement de terrain".

Le lycée Alfred Nobel réalisé à Clichy-sous-Bois dans la banlieue Est de Paris a un rôle qui va sans nul doute au-delà des fonctions traditionnelles d'un établissement scolaire. En effet, les architectes de CANALE 3 dessinent un parc à l'échelle du quartier qui vient naturellement recouvrir le lycée d'un tapis vert.

La proximité d'une cité de 300 logements répartis dans des tours de 15 étages, et la présence d'une coulée verte bordée d'un quartier pavillonnaire ont étayé la démarche des architectes.

Dans ce cadre conflictuel, le lycée offre une expression architecturale forte. Il est un véritable élément de rééquilibrage et de requalification du site.

Le bâtiment semble surgir du sol dans un mouvement naturel, où la façade est travaillée à la manière de couches géologiques. Des éléments linéaires horizontaux en béton poli incrustés de granulats de marbre et de porphyre sont traitées comme des strates, qu'un plissement de terrain aurait fait jaillir.

La façade principale inclinée face aux tours de logements est un élément marquant du quartier auquel elle impose sa propre écriture.

A l'intérieur, le système porteur édicté par les architectes fixe pour l'ensemble son échelle et son rythme. Une série de "cubes en béton" habillés de bois participe au système porteur. Ces éléments architecturaux constituent autant de volumes intérieurs soit pleins (émergence sur le toit), soit vides (jardins intérieurs, patio).

Le foyer des lycéens est un "coffret de bois", qui s'ouvre sur le hall par une arche rhomboïdale inclinée.

Les architectes ont joué du contraste des matériaux: l'herbe, le béton, le bois et le verre - pour donner à l'ensemble son idendité forte.

L'attention portée aux détails, dans l'organisation fonctionnelle des espaces d'enseignement et de rencontres, ou dans la qualité de finitions du bâtiment est, pour les lycéens, qui apprécient le lieu, une forme de reconnaissance sociale.

Canale 3 a conduit, en collaboration avec la municipalité de Clichy-sous-Bois, la redéfinition des espaces jouxtant le lycée: la création d'une place carrée, le tracé d'une voie piétonnière, l'installation d'éclairage public.

Previous page, the main facade
of Alfred Nobel High School in
Clichy-sous-Bois. This page, site
plan and plan of the ground
floor. The building, which is
built on a trapezoid-shaped plot
of land, blends into the
surrounding greenery and is an
extension to an old high school.

*Page précédente, la façade
principale du Lycée polyvalent
Alfred Nobel à Clichy-sous-Bois.
Dans cette page, plan masse et
plan du rez-de-chaussèe. L'édifice,
qui est situé sur un terrain de
forme trapézoïdale, s'intègrant aux
vastes étendues vertes, constitue
l'extension d'un lycée préexistant.*

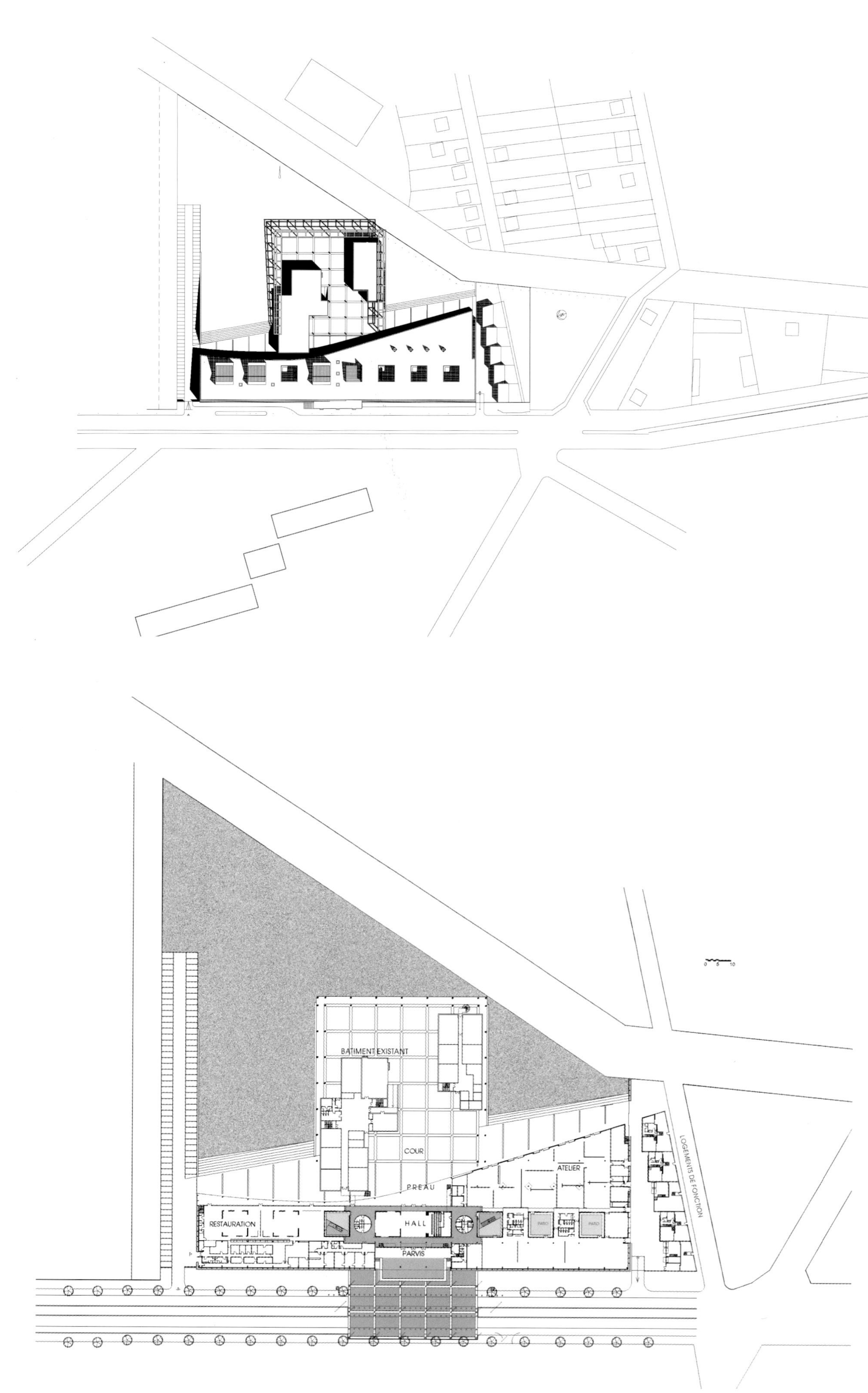

The interior facade of the high school overlooking the park. Left, section through the concrete element, and, below, south elevation.

La façade interne du lycée qui donne sur le parc. Ci-contre, coupe sur bandeau béton et, ci-dessous, élévation sud.

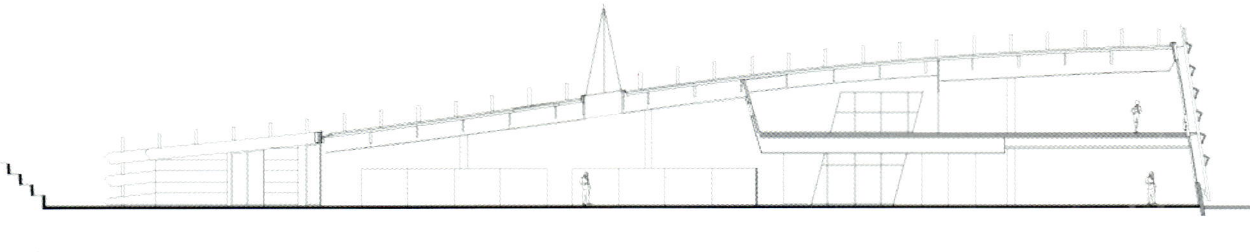

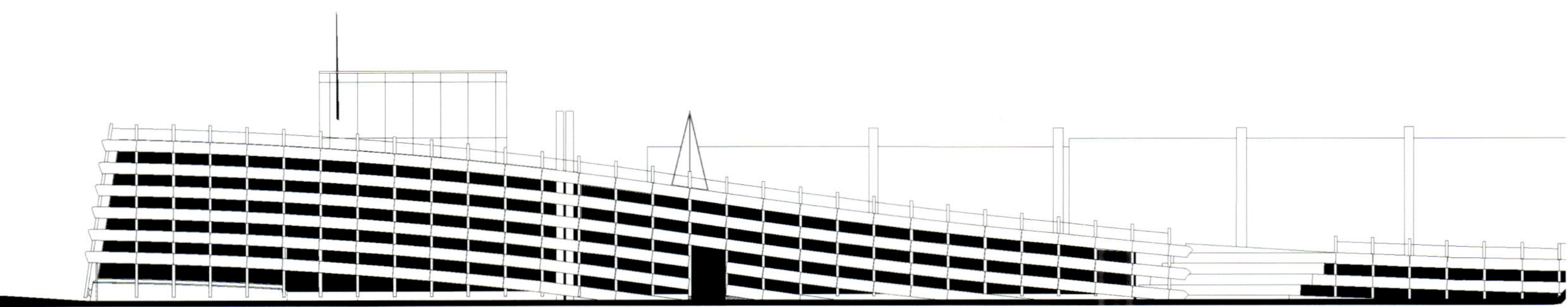

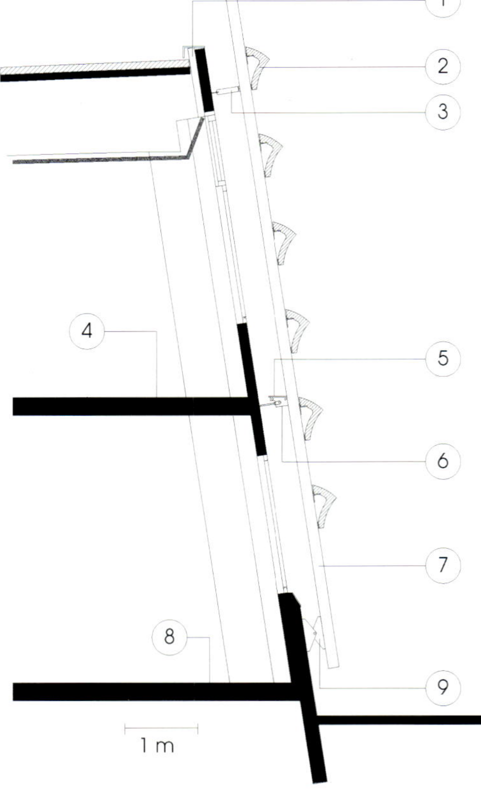

The facade is treated like part of
the urban environment. Right,
partial section of the facade.

*La façade est traitée comme un
élément à l'échelle de la ville. A
droite, coupe partielle de la
façade.*

1. Laminated wood wall
   plate/ *Panne sablière en
   lamellé-collé*
2. Concrete shell/ *Coque béton*
3. High joint: galvanized steel
   tube/ *Attache haute: tube
   acier galvanisé*
4. First floor concrete slab/ *Dalle
   béton niveau 1*
5. Maintenance footbridge:
   corrugated metal sheet
   Tolmixte / *Passerelle de
   maintenance: tôle pliée
   Tolmixte*
6. Medium joint: bar welded on
   tube and fixed at the edge of
   the floor slab by screwed
   rivet/ *Attache méridiane:
   chape soudée sur tube et fixée
   en abouts de plancher par tige
   filetée*
7. Galvanized steel tube/ *Tube
   acier galvanisé*
8. Concrete base/ *Soubassement
   béton*
9. Low joint: bar and head
   rest/ *Attache basse : chape et
   oreilles*

The façade facing Allée de Gagny, where the main entrance stands. The entrance is marked by a wide floor extending into the inside that links the old building to the new high school.

The corridors joining together
the two parts of the building
run through the hall which is
bathed in light.

*Les coursives reliant les deux
parties de l'édifice traversent le
hall, baigné de lumière.*

The pupils' lobby as it relates to
the hall.

*Le foyer des élèves en relation avec
le hall.*

Flats/*Logements sociaux* rue Richomme, Paris

Project/*Maîtrise d'oeuvre:*
Canale 3, Boudon-Michel-Monnot
Client/*Maître d'Ouvrage:*
Opac de Paris
Engineering/*Bureau d'Etudes Techniques:*
Projetud
Programme:
14 Residential Units/*Logements*
1 Commercial Space/*Commerces*
24 Parkings

This block of flats in the Goutte d'Or neighbourhood in the 18th arrondissement of Paris stands at the corner of Rue Richomme and Rue des Gardes, facing a square.

This project was actually carried out in close conjunction with various other associations involved in redeveloping the neighbourhood. To keep the old building scale, the blocks were deliberately divided into small units of no more than 15 flats. To overcome the narrowness of Rue Richomme and Rue des Gardes, special emphasis was focused on the corner of the building facing the square. Like a lantern, the glass structure holding a duplex apartment rubs shoulders with the front of the building next-door. The facade facing Rue des Gardes is constructed in the same rhythm and out of the same materials as the adjacent building dating back to the 1950's. This sense of continuity is enhanced by the brick cladding. The facade over on the side by Rue Richomme is constructed in the same style as 19th century buildings: vertical windows and overhanging fixtures. The sliding aluminium shutters help design the facade. The five floors above ground level and the three underground levels are constructed around a stairwell and lift. The communal parts serve a maximum of three flats and are illuminated by natural light.

Situé dans le quartier de la Goutte d'Or dans le 18ème arrondissement de Paris, cet ensemble de logements prend place à l'angle de la rue Richomme et de la rue des Gardes, face à un square.

Cette étude a été menée en étroite collaboration avec les multiples intervenants associés à la rénovation du quartier. Afin de lui conserver son échelle, les opérations sont volontairement découpées en petites unités ne dépassant pas 15 logements.

Echappant à l'étroitesse des rues Richomme et des Gardes, l'angle du bâtiment est magnifié et s'affiche sur le square. Un volume de verre, véritable lanterne, abritant un duplex vient épauler le pignon de l'immeuble mitoyen.

La façade de la rue des Gardes est composée en respectant le rythme et les matériaux du bâtiment voisin datant des années 50. Un parement de briques assure cette continuité.

Rue Richomme, la façade reprend la typologie des bâtiments du 19ème siècle: fenêtres verticales et bandeaux filants saillants.

Les volets coulissants en aluminium participent à l'écriture de la façade.

Les cinq niveaux du bâtiment ainsi que les 3 niveaux de sous-sol sont distribués par une seule cage d'escalier et un ascenceur.

Les parties communes desservent 3 logements maximum et sont éclairées naturellement.

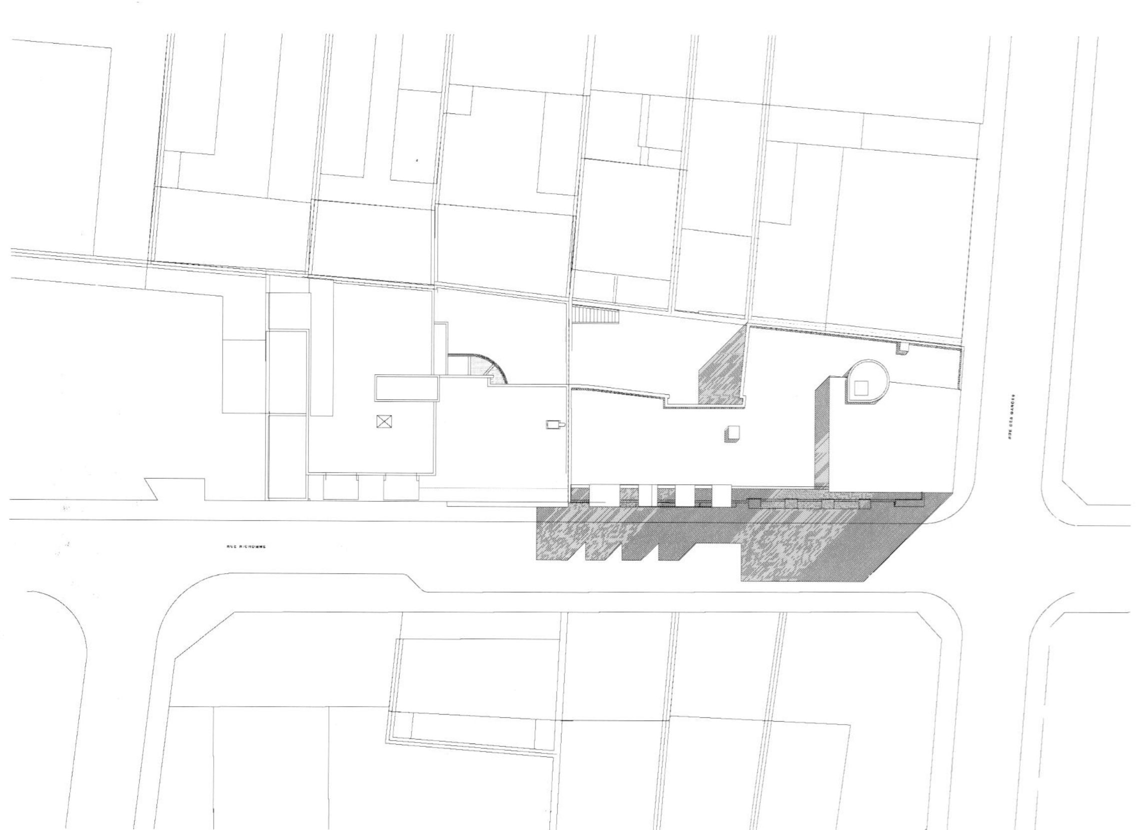

Site plan of the building at the corner of Rue Richomme and Rue des Gardes in the 18th arrondissement of Paris.

Plan masse de l'immeuble situé à l'angle de la rue Richomme et de la rue des Gardes, dans le 18ème arrondissement de Paris.

Perspective view at the corner of
Rue Richomme and Rue des
Gardes. Bottom of page, left,
elevation along Rue Richomme
and, right, elevation along Rue
des Gardes.

*Perspective à l'angle des rues
Richomme et des Gardes. En bas,
à gauche, élévation sur rue
Richomme et, à droite, élévation
sur rue des Gardes.*

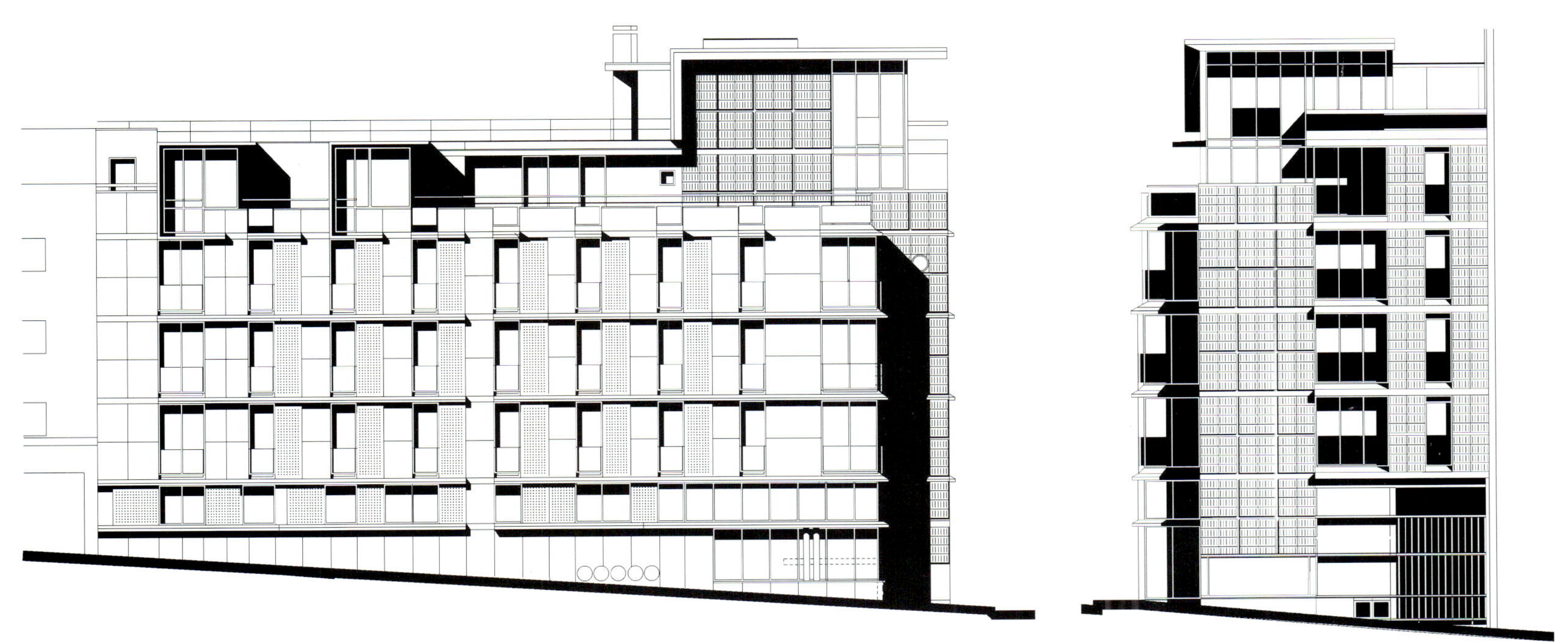

Research Institute/*Institut de Recherche d'Evry, Val d'Essonne*

Project/*Maîtrise d'oeuvre:*
Canale 3, Boudon-Michel-Monnot
Client/*Maître d'Ouvrage:*
Région Ile-de-France et SEM ABC
Engineering/
Bureau d'Etudes Techniques:
Projetud
Competition/*Concours:*
1996
Realization/*Réalisation,*
Phase/*tranche* 1: 1998/99
Phase/*tranche* 2: 1999/200092
Net Surface/*Shon:*
17300 m²

In stark contrast to Evry New Town's urban development schemes in the 1970's, the planned extension to the Evry Val d'Essonne University works around a series of blocks inserted in a square site plan. The Materials Institute built opposite Evry Cathedral enhances this urban image by the way it contrasts with an Italian building on the very edge of the lot. A garden can be glimpsed inside the block that opens up towards the outside. The Materials Institute contains a research unit (a highly private facility) and teaching unit, both divided into two separate wings.

This twin vocation encouraged the architects to create a hierarchical ordering of paths stretching from the most public building to the most private. The various spaces are divided up along the same hierarchical lines. The classrooms and research laboratories all open up towards the outside and the research workers' offices face onto the internal courtyard, the quietest place of all. The materials were chosen for their durability, eco-friendliness and ease of maintenance. The new style bricks fit in smoothly with the rest of the neighbourhood; the facades built around the inside garden and the main structures are all made of smooth white concrete, while glass draws attention to the structures facing the road, simultaneously guaranteeing transparency.

A l'opposé des plans d'urbanisme des années 70 de la ville nouvelle d'Evry, le nouveau plan d'extension de l'université d'Evry Val d'Essonne propose un développement urbain formé d'îlots sur plan carré. L'Institut des Matériaux édifié en vis à vis de la Cathédrale d'Evry, conforte cette image urbaine en s'installant sur les limites de la parcelle à l'image d'un palais italien.

L'îlot largement ouvert sur l'extérieur laisse apercevoir un jardin en son centre.

L'Institut des Matériaux regroupe en son sein une unité de recherche (espace hautement confidentiel) et une unité d'enseignement réparties toutes deux en 2 ailes distinctes. Cette double vocation nous a conduit à hiérarchiser les circulations afin d'organiser les bâtiments, du plus public au plus privé.

Au même titre, les espaces sont hiérarchisées. L'ensemble des salles d'enseignement ainsi que les laboratoires de recherche s'ouvrent sur l'extérieur, les bureaux des chercheurs sont orientés sur le patio intérieur au calme. Les notions de maintenance, de pérennité et de respect de l'environnement ont présidé aux choix des matériaux. La brique avec sa mise en oeuvre contemporaine respectera l'unité du quartier; le béton blanc poli qui habille les façades du jardin intérieur et les volumes pleins et le verre qui renforcera la tension des volumes et la transparence depuis la rue.

Site plan of the Institut des Matériaux de l'Université d'Evry in the middle of the new town.

Plan masse de l'Institut des Matériaux de l'Université d'Evry situé au centre de la ville nouvelle.

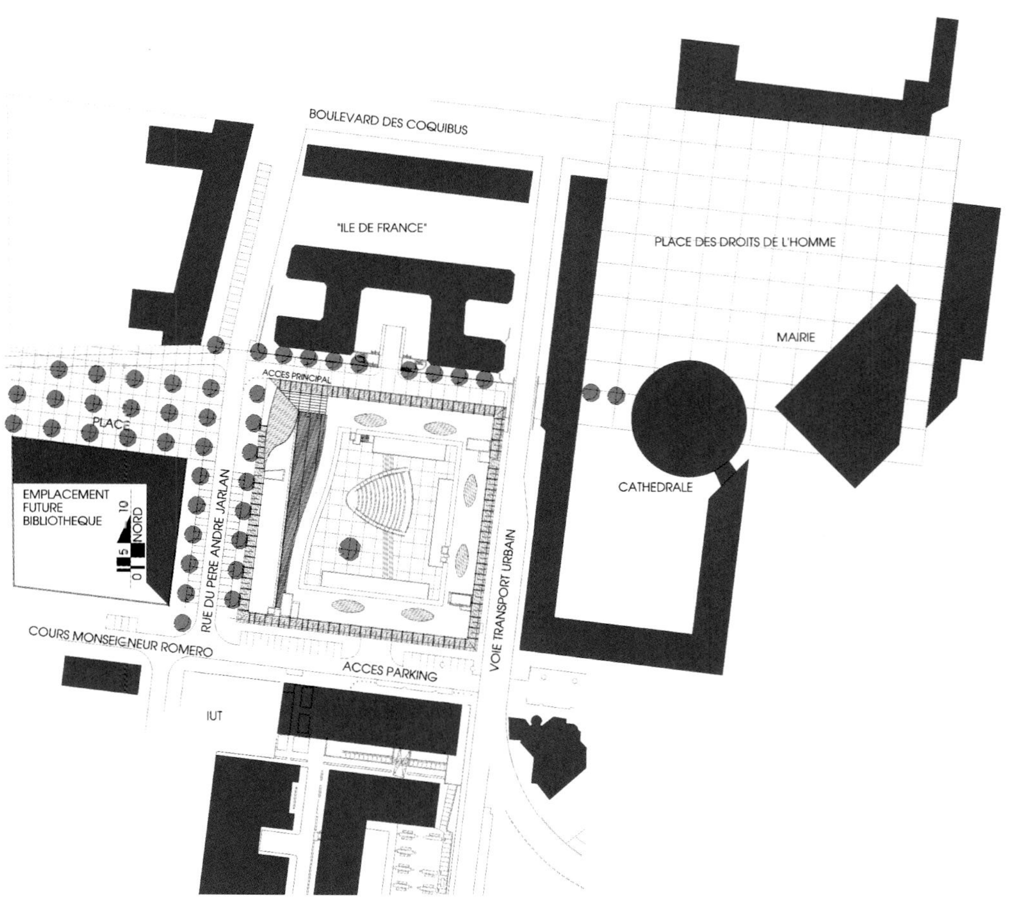

Perspective view and, bottom,
plans of the lower ground floor.
The Institute groups together a
research unit and teaching unit
split over two separate wings.
The spaces and corridors are
arranged in hierarchical order to
serve this dual purpose.

*Perspective sur l'entré et en bas
plans des rez-de-chaussée haut et
bas. L'Institut regroupe une unité
de recherche et une unité
d'enseignement réparties en deux
ailes distinctes. Les espaces et les
circulations sont ainsi hiérarchisés
pour répondre à cette double
vocation.*

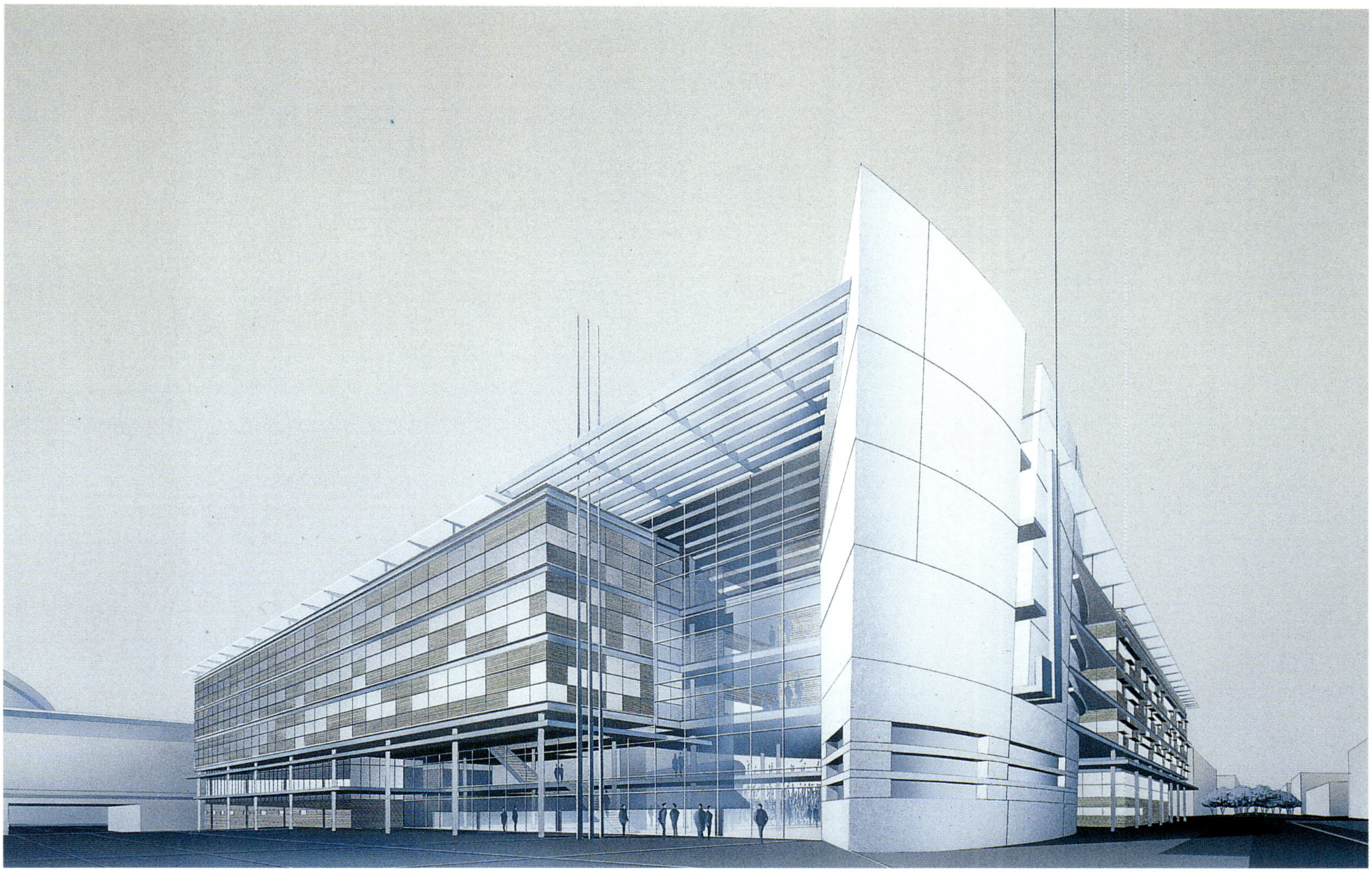

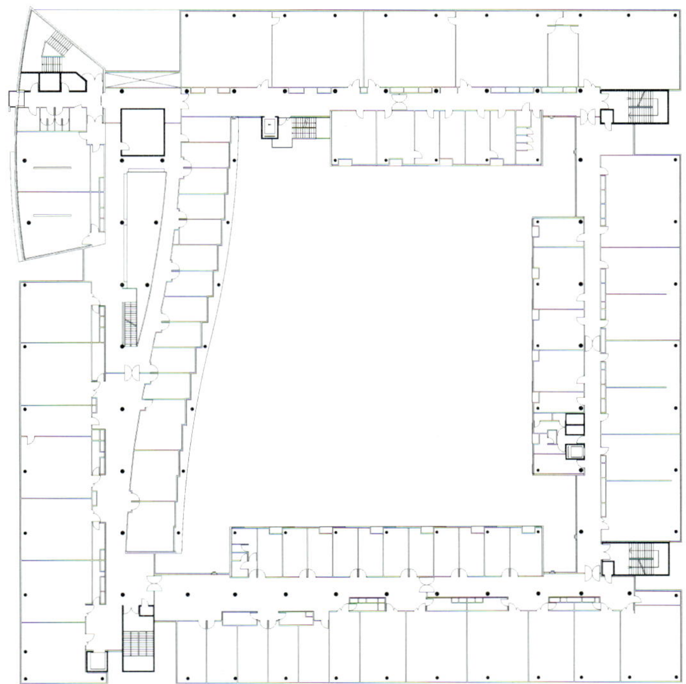

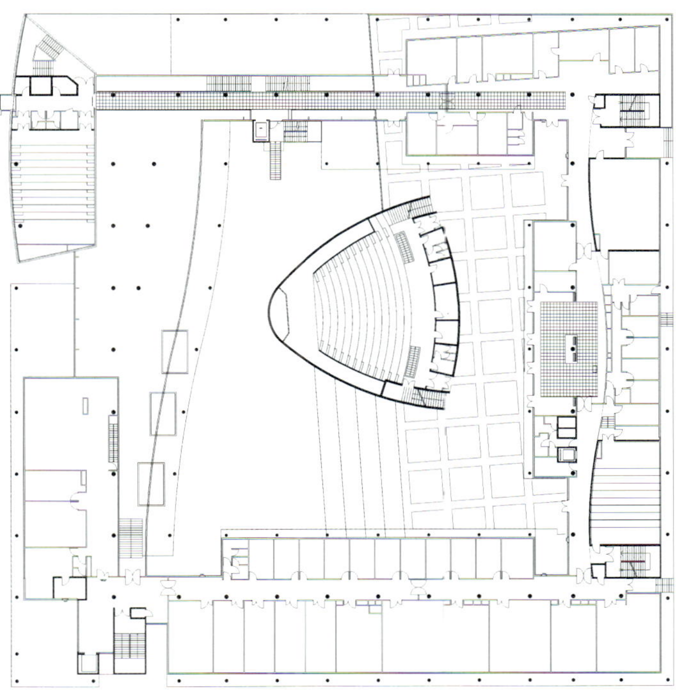

Primary School/*Ecole élémentaire* Voltaire, Issy-les-Moulineaux

Project/*Maîtrise d'oeuvre:*
Canale 3, Boudon-Michel-Monnot
Client/*Maître d'Ouvrage:*
S.E.M.A.R.I.
Engineering/
Bureau d'Etudes Techniques:
Projetud
Competition/*Concours:*
December/*Décembre* 1997
Net Surface/*Shon:* 2600 m²
Programme:
14 Classrooms/*Classes*

Voltaire High School in Issy-les-Moulineaux, a lively town in the immediate outskirts of Paris that has undergone notable urban redevelopment, is situated right near the town centre in the grounds of Corentin Celton Hospital.

The elongated construction lot stands at the corner of Rue Guynemer and Rue Séverine. The building actually stands on a sort of spur in Rue Guynemer that forms a small plaza sheltering the school entrance.

"D'une montagne haute comme celle-ci, se-dit-il, j'apercevrai d'un coup touta la planète et tous les hommmes" (Antoine de Saint-Exupéry, *Le Petit Prince*)

This desire to observe the world and the people who inhabit it was the driving force behind a project designed to liven up and educate children. The school's distinctly transparent structures counteract the confined space in which it is built. Another courtyard, a real roof-top observation deck connected to the gymnasium, overlooks the surrounding neighbourhood.

A large pathway connects the upper courtyard to the school yard, providing the pupils with an alternative way of interpreting the building that involves much more than just smooth, vertical walls.

Voltaire High School is made of simple volumes that children can easily identify. A parallelepiped holding the main classrooms, split over two levels and facing north, extends along Rue Séverine. The canteen and gymnasium are on the ground floor next to the portico that can be entered directly from the courtyard.

The main path shapes the building design incorporating, over the various floors, the classrooms, multi-purpose room, library and other spaces symbolically opened up to the world by a "splinter of glass" perforating the facade. The ground-floor lobby, open on three levels, provides an instant glimpse of the entire complex.

The building materials were chosen for their durability and eco-friendliness.

The building, which will have smooth white facades made of prefabricated concrete, a stratified wooden frame, copper roof evoking the little prince's scarf blowing in the wind, aluminium fixtures, insulated outside curtain walling and a huge concrete dip, will be a landmark to education and interaction projected towards the third millennium.

L'Ecole Voltaire sise à Issy-les-Moulineaux, ville de la première couronne de la capitale, qui se distingue par sa vitalité et le renouveau de son urbanisme, se situe à proximité du centre ville, sur les terrains de l'Hôpital Corentin Celton.

La parcelle, située à l'angle des rues Guynemer et Séverine est de forme allongée. Le bâtiment surgit en éperon sur la rue Guynemer ménageant ainsi une placette qui protégera l'entrée de l'école.

"D'une montagne haute comme celle-ci, se dit-il, j'apercevrai d'un coup toute la planète et tous les hommes" (Antoine de Saint-Exupéry, Le Petit Prince*).*

Le regard porté sur le monde, cette volonté d'aller à la rencontre des hommes, a été dans un bâtiment destiné à l'éveil et à l'éducation des enfants, le moteur de notre démarche.

Volumétriquement, l'école présente des grandes transparences, échappant ainsi à l'étroitesse de la parcelle.

Sur le toit en liaison avec le gymnase, une cour haute, véritable belvédère, domine la quartier. Un grand emmarchement relie la cour haute à la cour de l'école, offrant une nouvelle pratique de l'édifice. Nous proposons ainsi aux enfants une autre lecture du bâtiment qui échappe aux parois lisses et verticales.

L'Ecole Voltaire se compose de volumes simples facilement identifiables par les enfants.

Rue Séverine, un parallélépipède abrite sur deux niveaux l'ensemble des salles de cours, toutes orientées au nord. Au rez-de-chaussée, se trouvent la restauration et la salle d'exercice, contigües au préau et directement accessibles depuis la cour.

Sur la Voie nouvelle, le grand emmarchement dessine ce volume. Il abrite, dans les étages, les locaux pédagogiques communs, la salle polyvalente, la bibliothèque, espaces ouverts symboliquement sur le Monde par un "éclat de verre" qui perfore la façade. Au rez-de-chaussée, le hall, libre sur trois niveaux, permet d'appréhender d'un sol coup d'oeil l'ensemble du bâtiment.

Les notions de pérennité et de respect de l'environnement ont présidé aux choix des matériaux. Le bâtiment presentant des façades en béton préfabriqué-poli, blanc, une charpente en bois lamellé collé, une couverture en cuivre, image de l'écharpe du petit prince qui flotte au vent, des menuiseries en aluminium laqué et par des murs rideaux du type verre extérieur parclosé et un soubassement en béton cyclopéen, deviendra un nouveau symbole d'enseignement et de rencontre tourné vers les générations du troisième millénaire.

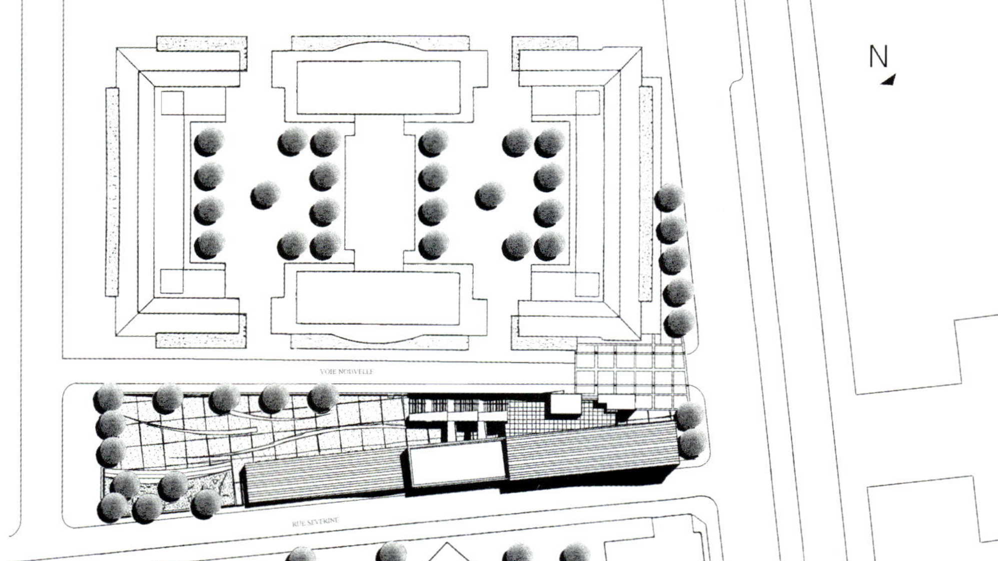

Perspective view of Voltaire High School in Issy-les-Moulineaux. Left, site plan. Below, elevation along the new road and, bottom, elevation along Rue Severine.

Perspective de l'Ecole Voltaire à Issy-les-Moulineaux. A gauche, plan masse. Ci-dessous, élévation sur la voie nouvelle et, en bas, élévation sur la rue Severine.

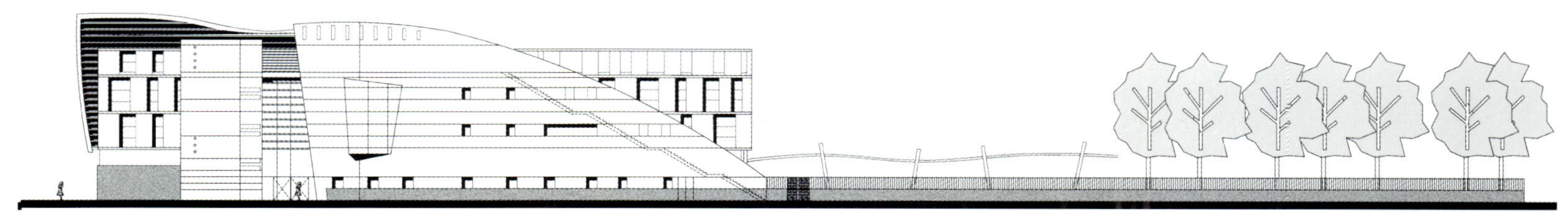

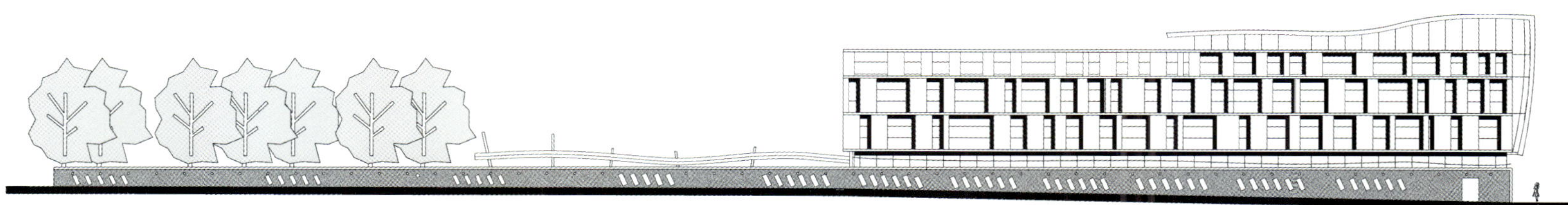

List of Works and Surveys
Liste des travaux et études

1981
Scenography of the Urban Planning
Exhibition/*Scénographie de l'exposition
d'Urbanisme*, Montreuil
Urban Plan/*Plan de Masse*, Murs à Pêches,
Montreuil s/Bois

1982
Nursery School/*Ecole maternelle*, Bennecourt

1983
Renovating of a farm/*Réhabilitation d'une
ferme*, Ermenonville, la-Petite
Renovating/*Réhabilitation d'un pavillon*,
Arcueil
140 Flats/*logements PLA*, Noisy-le-Sec

1984
Renovating of a farm/*Réhabilitation d'une
ferme*, Bouglainval
Shopping and Craftworks Building/
Bâtiment de boutiques commerce et d'artisanat
Plan de la ZAC Carnot, Stains

1984/86
OPAH Quartier Merlan, Noisy-le-Sec

1985
City House Renovation/
Restructuration d'une maison de ville, Versailles
Renovating and extension of a pavillion/
Réhabilitation et extension d'un pavillon,
Palaiseau
Renovation and connection of two flats/
Regroupement et restructuration de 2 logements,
Paris
Renovation of a farm/*Réhabilitation d'une
ferme* , Chartrainvilliers
Interior design of a dentist's studio/
Aménagement d'un cabinet dentaire, Versailles
Renovation and extension of a studio/
Rénovation et extension d'un atelier,
Noisy-le-Sec
Council Offices/*Mission de Conseil quartier
Merlan*, Noisy-le-Sec
Corporations' House/*Maison des associations*,
quartier Merlan, Noisy-le-Sec

1986
Gymnasium/*Gymnase*, Bussy-St-Georges

1987
IUT, Cergy-Pontoise
13 Flats/*logements PLA*, Noisy-le-Sec

1988
Warehouses/*Entrepôts*, Aubervilliers
Leisure Centre/*Base de Loisirs de Jablines*
Central Library/*Bibliothèque centrale de Prêts*,
Chateauroux
Renovation of the Prefecture
Building/*Rénovation Préfecture*, Dignes

1989
High School/*Lycée Jean Moulin*,
Thouars
Extension Préfecture, Nanterre
30 Flats/*logements PLA*, Paris

1990
Wooden structure for a house/
Construction d'une maison ossature bois,
Gournay
Sports Centre/*Centre de Haut Niveau Sportif*,
Vaires-sur-Marne
School Renovation/*Restructuration Collège
Chabanne*, Pontoise
Gymnasium/*Gymnase*, Fosses
Administration Centre/*Centre administratif*
Chatenay, Malabry
7 Flats/*logements de fonction*, Fosses

1991
200 Flats/*logements PLA + PAP*,
Argenteuil
High School/*Lycée 1200 Charles Baudelaire*,
Fosses
Urban Plan/*Aménagement du Mail de la Zac*,
Neuville
60 Flats/*logements PAP + PLI*, Asnières
Extension Collège 700, La Garenne
Children's Hospital/*Crèche Hôpital Cochin*,
Paris
Multifunctional Hall/*Salle polyvalente et
d'arts martiaux*, Lognes

1992
Landscaping of High School/ *Espaces verts du lycée,* Clichy-sous-bois
High School/ *Lycée 1158 Evariste Gallois,* Noisy-le-Grand
D.U.P. Cité Industrielle L.Blum, Paris
College 600, Conflans Ste Hon.
Campus/ *Cité scolaire M.Genevoix,* Montrouge
Multifunctional High School/ *Lycée Polyvalent,* Goussainville
University/ *Université* Paris VIII, Saint Denis
Research Centre/ *Centre de recherche,* Paris
Library/ *Bibliothèque,* Rue de Nesles, Champs/Marne
7 Flats/ *logements de fonction,* Noisy-le-Grand
24 Flats/ *logements PLA,* Paris

1993
Welcome Centre/ *Centre d'Hébergement,* St Quentin-en-Yvelines
High School/ *Lycée 1600 Romain Rolland,* Goussainville
Extension, l'Institut Galilée Paris XIII, Villetaneuse
26 Flats/ *logements PAP,* Pierrefitte

1994
Landscaping around the Medical Centre/ *Aménagement des abords du centre Médical et social,* Aubervilliers
Administration Social and Health Centre/ *Centre Administratif, Médical et Social* Aubervilliers
College 600, Montmagny
Emergency Center/ *Centre de Secours,* Blanc Mesnil
Hôtel des Impôts, Livry-Gargan
Hôtel des Douanes, Roissy-en-France

1995
5 Flats/ *logements de fonction,* Clichy-sous-Bois
High School/ *Lycée* 1350 Alfred Nobel, Clichy-sous-Bois

High School/ *Lycée H.Q.E.,* Calais
Hôtel des Impôts de Toulouse, Rangueil
64 Flats/ *logements PLA + Com,* Nanterre
84 Flats/ *logements PLA,* Mennecy
200 Flats/ *logements réhabilités,* Aubervilliers

1995/96
Conversion from office into flats/ *Transformation de bureaux en logements,* Paris

1996
Landscaping/ *Aménagement de l'allée,* Gagny
Materials Institute/ *Institut des Matériaux,* Evry val d'Essonne
Extension of the Law Court/ *Extension du Palais de Justice,* Bréssuire
International Football Pavillon/ *Pavillon international du Football,* Euro-Disney
14 Flats/ *logements dans le 18ème arr.,* Paris

1997
Sports Centre/ *Centre Haut Niveau Sportif,* Vaires
Renovation/ *Réhabilitation du Palais de Justice,* Bréssuire
High School/ *Lycée Haute-Qualité Environnemental,* Caudry
Factory/ *Usine Prost Grand-Prix,* Versailles

Competitions/*Concours*

Institut Universitaire
Université de Paris-Nord Villetaneuse
(Seine-Saint-Denis)
Project/*Projet:*
Canale 3
Client/*Maître d'ouvrage:*
Ministère de l'Education Nationale
Programme:
Extension to the Galilé Institute
Extension de l'Institut Galilé

Hôtel des Douanes
Aéroport de Roissy-en-France
Project/*Projet:*
Canale 3
Client/*Maître d'ouvrage:*
Ministère de l'Economie et du Budget
Programme:
Local Customs Headquarters
Direction Régionale des Douanes

Hôtel des Impôts
Ville de Livry-Gargan
Project/*Projet:*
Canale 3
Client/*Maître d'ouvrage:*
Ministère de l'Economie et du Budget
Programme:
Tax Office / *Centre des Impôts*

Centre de Secours des Sapeurs Pompiers
Ville du Blanc-Mesnil
Project /*Projet:*
Canale 3
Client/*Maître d'ouvrage:*
Préfecture de Police B.E.T. Technip Seri
Programme:
Fire Station /*Caserme de Pompiers*

Crèche
Hôpital Cochin à Paris
Project/*Projet:*
Canale 3
Client/*Maître d'ouvrage:*
Assistance Publique des Hôpitaux de Paris
Programme:
Nursery school for children of members of staff
Crèche pour les enfants du personel

Complexe sportif polyvalent
Ville nouvelle de Marne-la-Vallée
Project/*Projet:*
Canale 3
Client/*Maître d'ouvrage:*
Ville de Lognes
Programme: Sports complex/Concert Hall
Complex sportif /Salle de spectacles

Biography/*Biographie*

After their secondary school studies at the same high-school, Pierre Boudon, Jacques Michel and Yves Monnot enrolled in the Ecole d'Architecture of Versailles, where they took their diploma in 1981. In 1983 they went into partnership to found the Atelier Canale 3: A Joint Studio of New Architecture, Interior Design, Lodgings and Equipment.
In 1986 Canale 3 won the "Albums de la Jeune Architecture" prize, awarded by the Ministry of Supply, and thus came to public attention.
Their architecture, which avoids the academic manner and its dogmas, is the product of common research, in which the basic ingredient is the sheer pleasure of creating.
Pierre Boudon was born in Versailles (France) in 1956.
Jacques Michel was born in Casablanca (Morocco) in 1955.
Yves Monnot was born in Larh-in-Bad (Germany) in 1954.

Pierre Boudon, Jacques Michel et Yves Monnot, après des études secondaires dans le même lycée, s'inscrivent à l'Ecole d'Architecture de Versailles dont ils sortent diplômés en 1981.
Ils s'associent dès 1983 pour créer l'Atelier Canale 3: Collectif d'Architecture Nouvelle, Amenagement, Logement et Equipement.
En 1986, Canale 3 est lauréat des "Albums de la Jeune Architecture", décerné par le Ministère de l'Equipement et accède ainsi à la commande publique.
Leur architecture, loin des académismes et des dogmes, est produit d'une recherche commune dont le plaisir de créer est l'ingrédient de base.
Pierre Boudon *est né à Versailles (France) en 1956.*
Jacques Michel *est né à Casablanca (Maroc) en 1955.*
Yves Monnot *est né à Larh-in-Bad (Allemagne) en 1954.*